LES THÉATRES.

IMPRIMERIE DE FAIN, PLACE DE L'ODÉON.

LES THÉATRES.

LOIS. — RÈGLEMENS. — INSTRUCTIONS. — SALLES DE SPECTACLE. — DROITS D'AUTEUR. — CORRESPONDANS. — CONGÉS. — DÉBUTS. — ACTEURS DE PARIS ET DES DÉPARTEMENS.

La vérité en riant.

PAR UN AMATEUR.

A PARIS,

Chez { ALEXIS EYMERY, Lib., rue Mazarine, N°. 30;
{ DELAUNAY, Lib., Palais-Royal, Galeries de bois.

1817.

INTRODUCTION.

J'ai vu en fort bon lieu des hommes s'écrier : *Messieurs, je n'entends rien en finances....Je viens vous parler du budjet.*

Après ce début, nos orateurs de salon se lançaient, à mon grand étonnement, dans une foule de calculs métaphysiques, et faisaient des comptes sans chiffres, mêlés d'un petit grain de philosophie sans raison.

Je n'ai pas un talent de cette force : loin de pouvoir bien parler des choses que je ne sais pas, il m'arrive par fois de parler assez mal des choses que je sais le mieux.

Cependant il y a moins de danger pour les esprits vulgaires à s'en tenir aux matières qu'ils ont étudiées. Je vais donc, puisque le désir d'écrire me possède, traiter un sujet pris parmi ceux qui font l'objet de mes *habituelles méditations*.

Chaque jour on déraisonne à mes oreilles sur les théâtres. On part de faits controuvés, et dès lors il est évident qu'on ne peut arriver qu'à de fausses conséquences. On ignore tout-à-fait quel est l'état présent, et l'on veut disposer pour l'avenir. C'est en cela comme en politique où chaque matin quelque nouvel échappé de Charenton fait la paix sans avoir d'argent, fait la guerre sans avoir d'armée, renverse des trônes de fer, élève des trônes de verre, et bouleverse l'univers pour le plaisir de le reconstituer après.

J'ai des notes certaines sur tous les spectacles.

Je sais ce qui fait dépérir les uns, ce qui fait prospérer les autres. Il y a longtemps que j'ai des révélations à faire là-dessus. Je balançais à prendre la plume, n'ayant que des vérités à dire.

Les vérités sont, dans ce monde, assez mal venues. Une foule de gens ne vivent que de mensonges. Détruire ces erreurs, porter tout à coup la lumière dans ces ténèbres, c'est risquer de se faire bien des ennemis.

Mais je ne suis plus maître de mon sort, et à la fin on m'impatiente. Les prétentions d'un côté, et de l'autre les préventions, croissent par mon silence. Il faut parler, et faire tomber les masques. Rois de coulisses, vos secrets sont connus; tyrans de boudoir, votre sceptre n'est plus qu'une houlette, et la comédie va être, cette fois, donnée à vos dépens.

Je vais passer en revue tout ce qui tient aux théâtres. Je signalerai les abus, les folies, les périls et les faux systèmes. Je n'épargnerai rien, je dirai librement mon avis sur toutes choses; et peut être que ce livre, si frivole en apparence, aura plus d'un genre d'utilité.

LES THÉATRES.

RÉUNION DES THÉATRES.

L'unité est le principe du monde. C'est mon dogme administratif.

Les affaires sont un tourbillon. Je me place au centre.... Il ne peut y en avoir deux.

Deux pilotes font échouer le navire; deux médecins font périr le malade; deux amans déshonorent une femme; deux maîtres ruinent une maison. Les théâtres ont deux, trois, quatre chefs : ils tombent.

Mille frottemens arrêtent la machine. En maintenant la séparation, tout désordre est présumable; toute amélioration est possible en admettant la réunion.

Ceux qui gouvernent les théâtres sont constamment à se quereller sur les attributions. Tout pouvoir est envahisseur.

La maison du roi a les grands théâtres de Paris. Le ministère de l'intérieur a les petits théâtres et ceux des départemens.

Les *petits théâtres* sont ensuite administrés,

sous l'autorité du ministère, par le préfet de police qui, de plus, régit directement les spectacles de curiosités.

La police a souvent, pour ouvrir ou pour fermer des théâtres, des raisons fort bonnes en soi, mais qui ne s'accordent pas nécessairement avec les intérêts des théâtres royaux.

Les *grands spectacles*, à cheval sur leurs prérogatives, voudraient être les seuls ouverts, et pour peu que leur service marche, que leur importe que le *petit public* soit sans théâtres et s'ennuie.

Si l'on court à la pantomime, l'Opéra jette les hauts cris. Et le boulevart est en rumeur quand il voit arriver les percepteurs de l'impôt que Polichinelle paye à l'Opéra. C'est un cercle vicieux dont on ne peut sortir avec le régime en vigueur, avec des *directions* rivales.

Ce sont des rapports, des réclamations, des correspondances sans fin, sans effet, qui ne cesseront que le jour où la réunion des théâtres sous une seule administration sera ordonnée.

Ici une question s'élève, mais elle est facile à résoudre.

Quelle est l'administration qui doit être chargée des théâtres? Celle, sans doute, qui a dans ses mains tous les élémens de leur prospérité. Celle qui s'en est occupée le plus en grand; celle qui fait mouvoir les préfets et les maires; qui fait bâtir les salles et qui peut allouer des secours aux budjets; celle qui a des relations obligées avec les académies, les auteurs, les artistes, avec tout ce qui peut contribuer à l'honneur des théâtres.

Quoi! la Comédie Française, le lieu où l'on représente les œuvres de Corneille, de Racine, de Molière, de Voltaire, n'est pas dans les attributions du ministre des arts!

C'est une administration étrangère aux lettres qui préside aux jugemens portés sur nos tragédies, nos opéras, et sur toute cette partie brillante de notre littérature!

Et le ministre de l'institut n'aurait pas assez de crédit pour faire représenter un des ouvrages du secrétaire perpétuel de l'académie française!

Quelle est donc cette organisation? N'est-il pas évident qu'elle est vicieuse? Il est urgent d'y remédier.

Que si, dans l'ordre que je demande, des vices nouveaux voulaient s'introduire (car où ne tentent-ils pas de pénétrer?) on serait en garde contre eux, ils seraient signalés d'avance et faciles à repousser.

Dans un ordre simple, les défauts s'aperçoivent promptement et se corrigent de même. L'œil parcourt sans peine les lignes droites, mais quelle vue percerait dans un labyrinthe ?

THÉATRES DE PARIS.

SECTION PREMIÈRE.

Je pourrais faire parade d'érudition, et donner, avec des notes, l'Histoire de l'établissement des Théâtres en France.

Les premières *scènes* (dit Anquetil) furent celles des trouvères et des ménestrels. Les uns rimaient, les autres chantaient. Ils allaient de châteaux en châteaux, charmant les doux loisirs des preux et des damoiselles.

Il y avait aussi les *jongleurs*. Mais ceux-ci étaient pour le peuple. Ils faisaient danser les singes et les ours.

On retrouve, dès ce temps, la division des genres. Chacun avait son répertoire.

Les *confrères de la Passion* parurent ensuite. Ils s'installèrent à Saint-Maur-des-Fossés, lieu renommé par ses miracles. On y mêlait le sacré et le profane, le tout à bonne intention. On y jouait des *moralités*, dont le style n'était pas, comme on pense, bien recherché. « Les acteurs ne pouvaient être bien habiles » dans un temps où les spectateurs ne savaient » pas lire. »

Charles V prit néanmoins tant de goût à ces représentations, qu'il accorda aux *confrères* un privilége pour venir exercer à Paris.

Les *Tréteaux* (comme La Harpe les appelle) furent placés non loin du *Temple*. L'institution eut ses vicissitudes; il y eut des proscriptions, des réhabilitations, des procès, des chutes, des triomphes.

Henri II fit jouer devant lui la *Cléopâtre* de Jodelle. C'était l'auteur lui-même qui faisait le rôle de la Reine d'Égypte. Ce fut un événement dont Pasquier n'a pas dédaigné de donner les détails dans ses *Recherches historiques*.

Le roi fit présent au poëte de cinq cents écus d'or sur sa cassette. Cela était encourageant.

Plus tard, la comédie se trouva logée assez commodément à *l'hôtel Bourgogne*.

Une troupe rivale se posta à *l'hôtel d'Argent*. Mais ce nom lui porta malheur, et longtemps elle fit là de mauvaises affaires.

Il y eut des désordres à l'entrée et à la sortie des spectacles. La prévôté s'en mêla : on prescrivit aux comédiens de ne plus jouer aux flambeaux, mais à midi, en plein soleil.

Peu à peu on se relâcha de cette rigueur : les bureaux ne s'ouvraient qu'à une heure ; à deux la toile était levée ; à cinq heures le spectacle était fini.

A cette heure-là maintenant on est encore à la Bourse ou au bois de Boulogne. Les coutumes ont bien changé.

Le parterre était à cinq sous, les galeries et les loges à dix.

Il est vrai que, lorsqu'il y avait des frais extraordinaires de représentation, la ville aidait à les couvrir. C'est le commencement des allocations faites en faveur des comédiens.

Mais tous ces récits ont été faits cent fois. On les trouve dans une foule d'ouvrages à la bibliothéque du Roi.

En s'adressant à M. Van-Praët, le plus étonnant des bibliothécaires pour la complaisance et l'activité, on aura de suite le tome, le chapitre, la page qu'on voudra consulter.

Qu'on lui demande le *Répertoire de Jurisprudence*, on sera en un moment fort habile sur les vieux temps de nos spectacles.

Je ne citerai plus qu'un trait, c'est celui de ces deux comédiennes (Marotte Beaupré et

Catherine Urlis), qui se donnèrent rendez-vous sur le *théâtre du Marais*, *pour se battre l'épée à la main, et se battirent en effet à la fin de la petite pièce.*

La tragédie vint ce jour-là après la comédie.

Je saute à pieds joints par-dessus toutes les anecdotes, et j'arrive à 1791.

Une loi du 19 janvier de cette année-là même permit d'ouvrir des théâtres à tous ceux qui auraient de l'argent pour cela.

Il ne fallait qu'un brevet de l'autorité locale sous les rapports de sûreté et de police.

On usa de la permission, ou plutôt on en abusa, suivant l'usage, et dans peu d'années dix, vingt, trente salles furent en activité.

Voici la liste de ceux qui existaient en 1807.

Le grand Opéra.
Le Théâtre Français.
Feydeau.
Favart (fermé).
Louvois.
L'Odéon (fermé).
Le Vaudeville.
Le théâtre de la porte Saint-Martin.
Montansier.
L'Ambigu.
La Gaieté.

Le théâtre Sans-Prétentions.
Molière.
La Cité.
Le théâtre Mareux.
Le théâtre des Muses.
Le Marais.
Les Jeunes-Élèves.
Les Jeunes-Artistes.
Les Troubadours.
Les Jeunes-Comédiens.
Le Cirque Olympique.
Le théâtre des Victoires.

Un décret du *propre mouvement* (août 1807) réduisit le nombre des théâtres à huit.

L'Opéra.
Les Français.
Feydeau.
L'Odéon.
Le Vaudeville.
Les Variétés-Montmartre.
L'Ambigu.
La Gaieté.

Mais, le 14 septembre 1808, la réouverture du théâtre de la porte Saint-Martin fut permise.

En 1811, le Cirque Olimpique, qui était demeuré avec ses exercices d'équitation, fut mis au rang des théâtres secondaires.

En 1815 une ordonnance sépara l'Opéra italien d'avec l'Odéon. Les bouffes furent placés à *Favart*.

On s'est arrêté là ; et, à l'heure où j'écris, nous avons à Paris onze théâtres *dûment autorisés*, savoir :

CINQ GRANDS THÉATRES sous l'autorité du directeur de la maison du roi, des premiers gentilshommes, et de l'intendant des menus plaisirs :

L'Opéra (Académie royale de Musique.)
Le Théâtre Français, rue de Richelieu.
L'Opéra Comique (Feydeau).
L'Odéon (annexe de la comédie française).
L'Opéra italien (Favart).

SIX THÉATRES SECONDAIRES, sous l'autorité du ministre de l'intérieur et du préfet de police :

Le Vaudeville, rue de Chartres.
Les Variétés, près le Panorama.
La Gaieté. } boulevart du Temple.
L'Ambigu.
Le théâtre de la porte Saint-Martin.
Le Cirque Olympique, autrefois rue du Mont-Thabor, et maintenant dans le faubourg du Temple.

Il y a bien encore quelques petits établissemens où l'on joue la comédie *par tolérance*;

mais quelle comédie! nous reverrons cela au chapitre des curiosités.

SECTION DEUXIÈME.

Je dis ce qui est et ce que je veux qui soit, je n'ai pas le temps de faire des phrases. C'est en courant que je vais au but.

Il faut qu'il y ait à Paris douze théâtres. Ce n'est pas trop, et c'est assez : en deux mots je réponds à tout. Mon plan va se dérouler devant vous. Suivez-moi des yeux.

Établissemens.	Divinités auxquelles ils sont consacrés.
Les Français. . . . L'Odéon.	} Melpomène et Thalie.
L'Opéra. . . . . La Porte Saint-Martin.	} Therpsycore et Polymnie.
Feydeau. . . . . Favart.	} Euterpe.
Le Vaudeville. . . Les Variétés. . . .	} Érato.

Je mets particulièrement ces théâtres sous la protection des muses.

Viennent ensuite :

| La Gaieté. . . .
 L'Ambigu. . . . | } asiles du mélodrame. |

Les neuf sœurs ne s'y montrent que déguisées.

Le Cirque Olympique.	Ce ne sont pas les muses, mais le cheval Pégase, qui préside en ces lieux.
L'Opéra Italien.	Je le rends à Louvois, qui fut son berceau, aux beaux jours de Strina Sacchi!...

On voit que je place le théâtre Français au premier rang. C'est à coup sûr celui qu'il doit avoir.

L'Odéon vient après, comme annexe. J'étends son genre, et je lui offre gracieusement le répertoire entier de la tragédie et de la comédie.

Ces deux théâtres sont chargés de réformer les mœurs, et de conserver la pureté du langage.

Il est à souhaiter qu'on n'y admette que des acteurs et des actrices sachant le français.

Quant aux auteurs, je leur donne libre carrière et pleine liberté. Il faut qu'ils aient leurs coudées franches, qu'ils tranchent dans le vif, qu'il attaquent le vice puissant, les sottes vanités, les fatuités révoltantes.

Le roi se rend à ces théâtres. Je fais des vœux pour qu'il y trouve ce qu'on ne lui dirait point ailleurs.

« Je pense, comme Sainte-Foix, qu'il est très-

» utile qu'un roi voie souvent la comédie ; elle
» est l'image de la vie commune, et par consé-
» quent des vexations, de la misère et des
» maux qui se glissent dans les différentes classes
» de l'état. Ses peintures, me dira-t-on, ne sont
» que générales ; elle ne nomme pas, j'en con-
» viens ; mais du moins un roi sait que telle
» corruption, tel abus de son autorité, telles
» petites tyrannies existent. Il le sait, et c'est
» beaucoup ! »

Louis XII (c'est le chancelier de l'Hôpital qui parle), *le bon roi Louis XII prenait plaisir à voir jouer farces et comédies, même celles qui étaient jouées en grande licence, disant que par là il apprenait beaucoup de choses qui étaient faites dans son royaume, et qu'autrement il n'eût jamais sues.*

Je transporte l'Opéra, le grand Opéra dans la rue de Rivoli. Une société se présente pour construire une salle ; il convient de traiter avec elle, et de jeter par terre la salle de la rue de Richelieu ; cela fera une place devant la bibliothèque du Roi : le quartier a besoin d'air.

On parle de mettre la bibliothèque au Louvre. Ce serait fort bien ; mais l'hôtel de Nevers, où sont à présent les livres, les estampes, les manuscrits, les médailles, l'épée de Charlemagne et le trône de Dagobert, resterait toujours sur ses pieds. On le réparerait, on le blanchirait ; on construirait des pavillons élégans et des boutiques avec les pierres des masures qui sont au coin de la rue des Petits-Champs ; on ferait une jolie façade sur la place que je fonde, et qui servirait au *stationnement* des voitures du théâtre Louvois.

L'Opéra donc serait rue de Rivoli. Là, tout se rencontre à la fois : beauté, grandeur, sécurité, vastes avenues, libres débouchés, air vif et qui renouvelle celui des corridors.

« Chez les Grecs et chez les Romains, les
» théâtres, où il y avait quelquefois trente mille
» spectateurs, n'étaient couverts que de toile,
» pour garantir de la pluie ou de l'ardeur du
» soleil ; de sorte que l'air y entrait, s'y renou-
» velait sans cesse, et que le même n'y séjour-
» nait pas long-temps.

» Deux célèbres médecins ont prétendu que
» beaucoup de maladies commençaient, sur-
» tout aux femmes, à se former dans nos salles
» de spectacles. Il est certain que, dans un lieu
» renfermé, on respire un air très-malsain et
» très-corrompu par toutes les exhalaisons de ce
» grand nombre de personnes, dont souvent
» un tiers ne jouit pas d'une bonne santé. »

Ces réflexions d'un écrivain célèbre seront mises sous les yeux de l'architecte. On veillera à ce qu'il y ait à la salle des jours, des ventouses et des soupiraux.

Aussitôt l'édifice élevé, je mets le service en entreprise.

J'évite bien des frais par cette mesure. On ne sait pas ce que coûte l'Opéra. C'est un abîme sans fond; c'est le tonneau des Danaïdes.

Les régisseurs s'y succèdent sans pouvoir y résister. Celui-ci est trop mou, celui-là est trop dur. On fournit tout aux coryphées, et le chapitre des corsets est à lui seul considérable.

Une grande dispute s'éleva il y a quelque temps sur un article non moins essentiel.

Le chef des magasins voulut donner à ses nymphes des lacets de fil au lieu de lacets de soie. Ces dames crièrent au scandale. Mille intrigues s'éveillèrent, et cette invention fit *sauter* l'inventeur.

Autrefois les rôles de femmes, à l'Opéra, étaient joués par des jeunes gens : la troupe était alors plus facile à conduire. Ce fut en 1681, dans le ballet du *Triomphe de l'Amour*, qu'on vit pour la première fois des danseuses. La discorde parut avec elles. Toutes les cervelles se renversèrent. Le public était aux anges, mais le caissier était aux abois.

L'huile des lampes, les ailes des amours, les perruques des diables, les serpens des Euménides, les guirlandes des bergers, les diadèmes des rois, toutes ces branches diverses furent chargées de fruits d'or pour les fournisseurs. L'Opéra fut le véritable jardin des Hespérides.

Une compagnie intéressée examinera de plus près toutes ces affaires.

Loin de moi l'idée de supposer des oublis, des erreurs, des abus volontaires. La gestion actuelle est au-dessus de tout soupçon; mais, dans une aussi grande manufacture, il faut l'œil clairvoyant d'un directeur particulier.

Des employés d'administration publique ne valent rien pour entrer dans cette foule de détails fastidieux : on les fatigue, on les trahit. Leur vertu même leur est funeste. L'expérience le prouve assez.

Comment! s'écrie-t-on de toutes parts, vous livrez aux mercenaires les charmantes prêtresses de Vénus!

Ce temple des arts, ce beau spectacle ne sera plus national!

Eh! pourquoi pas, s'il vous plaît? Le Vaudeville n'est-il plus *national*, parce qu'il est en entreprise?

Sortez du temps ; renoncez à vos vieilles pratiques ; que la voix de la sagesse fasse taire celle du préjugé. Essayez de mon régime, et défiez-vous des charlatans.

J'arrive à la *porte Saint-Martin.* Je n'accrois pas son répertoire, mais seulement je le modifie. Je le restreins en quelque façon ; mais en même temps je le relève, et je consolide l'établissement.

Je lui ôte les vaudevilles, les comédies ; et, s'il conserve le *mélodrame,* c'est dans le genre *noble*..... si toutefois on me permet une telle *alliance* de mots.

Je lui rends les *ballets d'action* qu'il avait en 1807. Il pourra jouer tout ce que l'Opéra ne montera point.

Un ballet est reçu à l'Académie royale de musique ; mais une année se passe sans qu'on le représente. La porte Saint-Martin s'en empare, rien de mieux.

Messieurs de l'Opéra redoubleront de zèle. Et, comme désormais les appointemens ne seront assurés que par les recettes, on peut croire que les nouveautés ne manqueront pas.

Feydeau et Favart joueront l'opéra comique.

Voltaire a dit, dans son chapitre des *Sauvages*, que l'homme n'a pas toujours eu de belles villes, des canons, des couvens et des opéras.

Mais, entre ces choses, celle qui remonte à la plus haute origine est certainement la dernière.

La musique enchantait les premiers âges du monde. Les concerts des bergers remplissaient les bocages; et, de tous temps, quoi qu'on ait osé dire, les oreilles françaises y ont été fort sensibles.

Quand la musique est expressive, et qu'elle accompagne de jolis vers, nous lui faisons fête. Les Italiens se contentent de beaux sons. Les Français veulent des paroles. De ces paroles et de ces sons unis avec art, s'est formé l'opéra comique.

« C'est peut-être, dit un écrivain ; le genre
» le plus analogue à notre nature. Je ne dis
» pas que ce soit le genre le plus noble et
» le plus digne des bons esprits ; je prétends
» seulement qu'il sympathise mieux que tout
» autre avec la vivacité française : car enfin
» pourquoi se le dissimuler ? nous sommes
» un peuple dansant et chantant. Telle a été,
» dans tous les siècles, notre passion domi-

» nante ; il nous faut des couplets et des
» cabrioles. »

D'après ces idées, que j'adopte tout-à-fait, je me montre bien modéré lorsque je ne veux créer que deux théâtres pour la musique légère et badine.

Je forme des *sociétés* à ces deux salles, avec un *chef dirigeant*, comme à l'Odéon.

Feydeau a un cadre plus vaste ; il monte les pièces dans le genre de Montano et Stéphanie, Roméo et Juliette, la Caverne, les Deux Journées, Aline, etc. Il a déjà ses auteurs attitrés ; auteurs savans, qu'il gardera.

Favart vise moins aux pièces à spectacle ; il se souvient des ouvrages du poëte dont il porte le nom. Il flatte l'esprit et les oreilles plus que les yeux. Les jeunes compositeurs y portent leurs tributs.

Mais, au reste, les deux théâtres jouent ce qu'ils veulent en fait de ce qu'on nomme comiques. Ils ont le choix, et peuvent monter le même jour le même ouvrage, si tel est le bon plaisir des acteurs, et si les arrangemens pris avec les auteurs le permettent.

L'émulation naît de cette concurrence, et le petit mérite cède au grand.

Consultez les compositeurs et les poëtes ;

ils vous diront (s'ils sont sincères) qu'ils sont de mon avis.

A Feydeau, les *meneurs* feront la mine; mais, en conscience, cela doit-il empêcher de faire des dispositions que les amis des arts demandent depuis si long-temps, et avec de si vives instances ?

Au fond, je ne fais que rétablir ce qui était. Déjà il y a eu deux troupes d'Opéra Comique. Si elles ne se sont pas soutenues, elles ont donc été mal administrées ?

Leur amalgame a causé la perte du genre; les rangs, trop pressés, ont été gênés dans leurs mouvemens ; les *chefs d'emploi* ont eu des rhumes, et les *doubles*, des migraines ; l'apathie est née de la sécurité.

Qu'on ait du zèle, on aura des spectateurs.

Un objet urgent, c'est de former un bon *comité de lecture*. Je veux bien ne le composer que de comédiens.

Au Théâtre Français, on fait un choix parmi les acteurs et les actrices; et c'est à cet aréopage que le poëte est présenté.

A Feydeau, c'est la troupe en masse qui prononce sur les ouvrages offerts. Mais trop de suffrages amènent le trouble quand il s'agit d'opéras. Il faut, de toute nécessité, renoncer aux *états généraux*, et former un peloton d'élite ; il faut aussi que les membres du tribunal cessent de recevoir des épices, et de se livrer au commerce des pièces : alors on aura des jugemens plus sains, des représentations moins orageuses, et une existence plus assurée.

Je ne change rien aux autres théâtres. Je me borne à rappeler *sérieusement* au Vaudeville qu'il ne doit offrir que des *couplets* sur des airs connus.

Pour nos plaisirs et pour sa gloire qu'il fasse trève à ses ariettes en fausset, et à ses chœurs en faux-bourdon.

Ses ressources sont bien assez étendues sans cela.

« Un mot, une saillie, une épigramme suf-
» fisent au vaudeville pour se faire applaudir.
» Une mode nouvelle et passagère ; une dispute
» qui s'élève sur les arts ; un événement qui
» occupe la ville pendant 24 heures, sont la
» matière de ses crayons. Ce fonds est assuré-
» ment inépuisable, car il n'y a point de jour
» que la Seine n'ait l'avantage de voir éclore
» sur ses rives quelque aventure plaisante, quel-
» que démêlé burlesque, quelque nouveau ri-
» dicule. »

On disait cela il y a cent ans, et l'on peut bien aujourd'hui le redire.

Tel est mon plan : il me semble qu'il a de quoi plaire aux amateurs.

Jusqu'à ce jour en rédigeant des arrêtés sur les théâtres, on a trop négligé les intérêts du public. On songeait aux acteurs, on rêvait aux actrices! on leur assurait des pensions, des loisirs, des douceurs. Quant au parterre, aux loges, au paradis, il n'en était pas question.

Les dons suppléaient aux recettes et le *jeune premier*, le *colin*, l'*amoureuse*, l'*ingénue*, quand la salle était vide, n'y venaient pas moins en équipage.

Je n'entends pas raillerie sur ce point. Je veux bien qu'on ait des chevaux, des châteaux, des jokeys, des brillans, mais je veux aussi qu'on travaille.

Point de travail point de salut, et si le *grand-prêtre* est paresseux, je trouve juste qu'il aille mourir à l'hôpital.

CONGÉS.

Je me mêle d'affaires bien embrouillées, et je me plains de torts bien enracinés.

Je veux qu'on fasse trêve aux congés : quelle barbarie ! Qui m'a rendu si farouche et quel démon peut m'inspirer ?

Pardon, je vois que les ligues sont trop vigoureusement défendues. Il faut entrer en négociation et voir à quelles conditions on peut honorablement capituler.

On va voir les concessions que je consens à faire. Écoutez bien, messieurs et mesdames.

Vous avez des créanciers et des caprices. Vous voulez satisfaire ceux-ci et payer ceux-là.

C'est fort bien. Je ne m'oppose point à l'accomplissement de ces désirs. Le torrent est trop fort pour que j'essaye d'y mettre une digue. Je veux seulement diriger ses flots et restreindre ses ravages.

Il y a le carême et la canicule qui vous épouvantent également. Paris alors vous est insupportable. Vous ne rêvez qu'aventures et que voyages.

Le royaume est pour vous trop étroit. Vous

prenez la poste ou le paquebot. Vous volez à Londres, à Bruxelles, à Vienne et dans cent lieux divers.

Pourquoi, je vous prie, à ces deux époques fatales ne pas fermer tout-à-fait vos théâtres ? On mettrait plus de prix à vous y revoir après ; il n'est point de beauté si rare qui ne gagne à se cacher parfois. Flore a ses absences, et le blond Phébus n'est pas toujours sur l'horizon.

Vous qui êtes les *familiers* de ces habitans de l'Olympe, comment se fait-il que vous ne suiviez pas leurs leçons ?

Exécutez-vous, ayez des vacances, et vous vous en trouverez bien, je le crois. Vous alternerez, et puisque j'ai dit qu'il fallait deux théâtres de chaque genre, on déterminera les saisons pendant lesquelles l'un d'eux seulement devra rester ouvert. Une année ce sera l'un, une année ce sera l'autre. Ou bien, pour former des classes et satisfaire les amours-propres, on décidera que les *premiers théâtres* auront seuls des vacances. Les *annexes* n'en auront point.

Les chefs d'emploi, libres de leur temps, maîtres de leur destinée, pourraient prendre des arrangemens avec les directeurs des grandes villes de province. Les *doubles* iraient dans les villes du second ordre. Les *utilités*, dans les villes du troisième rang, de telle manière que tout se caserait.

Le séjour dans les départemens serait marqué par les fêtes et les offrandes accoutumées. Chacun exploiterait son canton en conscience, et ne reprendrait la route de Paris que précédé de son fourgon.

La rentrée aurait de l'éclat. Les *chambrées* seraient complètes, toutes les loges seraient louées à l'avance et les dividendes annuels offriraient des compensations à ceux même que le manque de santé, de calèche ou de talent aurait empêchés de faire des excursions dans les provinces.

J'indique ce moyen après y avoir réfléchi ; qu'on ne me contredise pas sans y penser mûrement. Je crois que mon plan a de notables avantages. Il est clair que je n'entends pas parler ici des petits théâtres.

Certes il n'y aurait pas d'inconvénient, sous le rapport de l'art, à donner quelquefois congé au mélodrame. Mais ce serait un fâcheux cadeau à faire à nos provinces. Il y va bien assez tout seul, sans qu'on l'y porte.

D'autres motifs engagent aussi à laisser incessamment ouvrir sur les boulevarts les temples de la joie du peuple.

Je ne comprends dans le projet de vacances que les établissemens de haute et noble folie.

Si ce mode pourtant n'est point adopté; si c'est la routine qui l'emporte, du moins me permettra-t-on d'invoquer d'indispensables modifications !

S'il est décidé que l'on doive garder toutes les troupes sans relâche, à Paris, il faut du moins faire en sorte qu'elles s'y maintiennent entières autant que possible. Si l'on n'admet point les vacances, il faut restreindre les congés.

Spectateurs, auteurs, sociétaires, ceci est dans votre intérêt bien entendu à tous.

Les premiers rôles disent : *Nous sommes les colonnes du théâtre, tout doit nous être sacrifié.*

Ce raisonnement n'est ni humain, ni loyal, ni juste. Les premiers rôles n'ont de prix que par les seconds. L'ombre rehausse les couleurs du tableau. Les *confidens* et les *traîtres* font valoir les *héros* et les *empereurs*.

Point de Scapin sans Oronte. Point de misanthrope sans Philinte. Point de Susanne sans Marcelline, point de Basile sans Bridoison.

Tout ces sujets sont utiles. Tous les emplois ont leur valeur. S'il y a des différences dans le mérite des acteurs, il y en a dans les appointemens, il y en a dans les *retraites*, il y en a dans l'accueil du parterre et dans les articles de feuilleton.

Il ne faut pas que ceux qui moissonnent empêchent les autres de glaner. Les Préville, les Clairon, les Molé, les Baron, avaient des *camarades* et non pas des *victimes*. La vanité s'est trop gonflée de nos jours. Il faut rabaisser un peu cette fumée, et, du haut de l'empyrée, redescendre, s'il se peut, vers la terre.

Personne assurément n'admire plus sincèrement que moi les talens de nos premiers acteurs. Non-seulement je les admire, mais je les aime, je n'aime qu'eux, je ne puis voir qu'eux, j'ai l'appétit fort difficile, et l'on ne saurait dire que je plaide ici pour ceux que je chéris. La médiocrité m'étouffe, son jeu m'oppresse, et ses contorsions me désespèrent.

Mais après tout, il y a une impartialité souveraine qui règle mes idées, guide mon jugement, dicte mes arrêts.

L'équité veut que les forts soient l'appui des faibles.

Modérons donc les congés ; que deux sujets seulement par année, puissent *entrer en campagne*, et faire des *excursions financières*.

Que les absences soient limitées à deux mois

absolument; que, passé ce terme, les théâtres des départemens leur soient rigoureusement fermés, et que l'autorité administrative tienne la main à l'exécution de ces ordres, on en verra bientôt l'effet.

A-t-on des objections à faire à ces principes? qu'on me les adresse promptement et pendant que je suis armé de toutes pièces pour y répondre.

Si l'on tardait trop, ma verve peut-être serait éteinte; et, comme cela s'est vu trop souvent, le défaut de courage dans l'avocat ferait succomber la bonne cause.

ORDRES DE DÉBUT.

Un acteur est en un lieu; il s'y plaît; il s'y marie; il y achète du bien, car il y a sur mille un comédien qui achète des métairies : c'est le plus habile d'entre eux, bien entendu.

Il plaît au public de la ville qui l'adopte. Il veut vivre et mourir là, mais il n'en aura pas la permission.

Sa renommée a franchi les espaces. Les rapports des *actrices voyageuses* ont fait penser qu'un sujet pareil serait une acquisition précieuse pour la capitale.

Vite un *ordre de début* est expédié. La poste est trop lente pour un tel message. L'ordre arrive. L'acteur qui le reçoit murmure ; il résiste. Les menaces payent ses retards, et l'effet en serait prompt, si l'autorité des *semainiers* égalait leurs prétentions.

Mais cette autorité n'est point légale ; elle s'épuise en vains efforts. Ses demandes sont éludées ; on décline sa juridiction.

Pourtant, dit-on, *c'était l'usage ; les grands comédiens* de Paris avaient droit *de vie et de mort* sur les *petits histrions* de province. Ceux-ci étaient fort humbles ; ils s'estimaient trop heureux qu'on voulût bien songer à les tirer de leur obscurité. Ils partaient au premier signal ; et cet esprit n'a pas cessé de régner dans les *anciens*.

Parmi les jeunes, il y en a beaucoup encore qu'un *ordre de début* fait palpiter de joie ; mais ce n'est pas assez. Après l'acteur, il y a le directeur. C'est précisément sur le sujet qu'on lui enlève que ses espérances se fondent.

Il n'osera former de bonnes troupes, si vous devez les décimer.

Non, l'*usage* ne se peut soutenir. Il chancèle, il vieillit, il tombe. C'est un nuage qui se dissipe ; c'est un fantôme qui s'évanouit.

La loi est égale pour tous. Les directeurs et les comédiens sont sous son aile comme tous les autres citoyens. Les engagemens qui existent entre eux ne peuvent se rompre que de leur mutuel consentement. Il n'y a pas de puissance au monde qui doive délier ces nœuds contre le gré des parties. Les tribunaux sont là au contraire pour les protéger et les défendre.

Admettre un principe opposé, c'est proclamer à la fois le dédain des actes publics et la ruine des entrepreneurs.

La ruine des théâtres est le désespoir des villes. On a une jeunesse ardente, une garnison inquiète, une population nombreuse : on veut un spectacle pour occuper tout cela ; mais s'il s'écroule, il le faut soutenir : s'il y a un déficit, il faut le combler. D'une fausse mesure naissent mille embarras.

Lyon, Rouen, Nantes, Bordeaux, Marseille, privés du jeu de leurs principaux acteurs, payent bien cher là-bas les plaisirs qu'on goûte à les voir dans la capitale.

Cette façon n'est plus supportable. Il faut respecter les droits des cités, la force des contrats, la liberté des personnes.

Les théâtres de Paris ne sont pas vraiment

d'une autre espèce que ceux de province; ils sont sous la même loi générale : il convient qu'ils aient les mêmes règles particulières.

Les *sociétaires* de Brest, de Toulouse, de Perpignan, de Bourges, ne doivent rien à ceux de Paris.

Quand ceux-ci veulent se recruter dans les départemens, il y a pour cela un moyen bien simple. C'est d'assurer des avantages suffisans à ceux qu'ils ont le projet d'associer à leurs opérations.

Mais point. Messieurs des grands théâtres veulent mander à leur barre qui bon leur semble. Ils payent mal; accueillent mal. Ils font subir aux débutans toutes sortes de tribulations, et il est peut-être d'*usage* encore qu'on les remercie.

Si l'acteur déplaît au parterre, on le renvoie tout mystifié; il emprunte à ses amis pour payer la diligence. Bafoué à Paris, il va désormais se faire bafouer en province. Ce qui dut faire sa gloire fait sa honte, et la faiblesse d'un moment est punie des regrets de toute la vie.

Ces tristes chances ont besoin d'être adoucies. Il faut du moins que celui qui ne les veut pas courir ne puisse y être contraint. Les traités des comédiens, comme tous les autres, doivent être sacrés. Ce mode influera sur leurs mœurs. La servitude avilit; l'avilissement est voisin de la turpitude; mais l'indépendance relève l'âme; elle ranime tous les bons sentimens, elle rend à l'homme toute sa dignité. Si les gens de théâtre ont trop oublié ces maximes, si, dans l'isolement où on les a jetés, ils se sont trop négligés, je veux les rendre à la société, à eux-mêmes, et si j'opère cette réforme, ce sera une bénédiction.

DROIT D'AUTEUR.

On est étonné qu'une loi ait été nécessaire pour reconnaître le droit des auteurs dramatiques sur les ouvrages qu'ils font représenter.

Dans ce monde, il y a bien des choses qui étonnent ainsi, et bien des droits plus importans qui n'ont été reconnus que fort tard.

Quoi qu'il en soit, la loi existe. Mais ce qui doit surprendre encore, c'est que le droit, une fois admis, ait été limité.

Dix ans après la mort d'un auteur, sa femme et ses enfans ne touchent plus le prix de ses pièces. Ce sont les comédiens qui deviennent les héritiers.

Pour que le bénéfice soit plus clair et le produit moins contesté, on ne joue que le moins qu'on peut les ouvrages des auteurs vivans. On forme son répertoire journalier de vieux drames bien classiques, c'est-à-dire, bien exempts de tout prélèvement.

Si un poëte, quoique plein de vie, obtient plus souvent les honneurs de la représentation, ce n'est qu'à force de démarches, de sollicitations, de courbettes, d'importunités, de recommandations et de cajoleries.

Quand il est dans le royaume sombre, sa veuve délaissée reste avec sa misère et ses larmes. Les œuvres du mari sont prudemment oubliées jusqu'à l'expiration des dix *années légales*.

Mais à peine l'heure fatale a-t-elle sonné, à peine la onzième année commence-t-elle, la veuve alors a l'avantage de voir reparaître sur l'affiche les titres de gloire du défunt.

On envoie de temps en temps et par grâce, à la famille, quelques billets qui la mettent à même de venir écouter les vers de la succession....

J'aime autant qu'un autre Molière, je vous jure. C'est l'homme qui a le mieux connu l'homme, et qui l'a peint en traits ineffaçables.

Ses pieces sont celles que je lis sans cesse, et que je sais par cœur ; mais j'aime aussi les nouveautés. Je veux de la variété dans mes plaisirs, et je regrette, je le confesse, de voir accorder tant de faveurs à certaines personnes qui se gênent si peu pour les justifier, qui servent si mal mes désirs, et qui ne nous payent après tout que d'ingratitude.

Les cadeaux qu'on fait à plusieurs, sont pris sur la masse. En définitif, c'est nous tous qui fournissons à ces libéralités. Les tributaires ont bien quelques titres pour exiger des égards de la part de ceux dont ils entretiennent l'opulence.

On avait promis de monter tous les mois une ou deux pièces neuves. L'a-t-on fait? Non, vraiment. On court la province, on récolte de toutes mains, et pendant ce temps-là ce sont les *doubles* et les *débutans* qui se partagent le vieux genre. Les auteurs sèchent et maigrissent, le public bâille et s'endort.

Je ne puis souffrir une telle conduite. Il faut mettre ordre à ces affaires. Il faut, sans délai, signifier aux théâtres qu'ils aient à payer le *droit d'auteur* pour tous les ouvrages tant anciens que nouveaux.

Vous y trouverez cent avantages. Le premier, que justice sera faite, et celui-là seul suffirait.

Il y a en France dix rejetons du grand Corneille qui souffrent, qui gémissent, et auxquels on fait, pour les apaiser, de misérables pensions de 500 fr., tandis que les ouvrages de leur père enrichissent le théâtre et l'état (1).

Il est venu, pas plus tard que ce matin, chez moi, un neveu de l'auteur du *Cid*, me supplier de le faire placer aux Incurables!

La famille Racine est dans le même cas, ou à peu près.

Les *Piccini* sont dans la plus profonde infortune. Le même destin les attend tous.

Les auteurs composent et ne thésaurisent pas. La prévoyance n'est pas leur vertu familière. Occupés de nos plaisirs, ils ne vivent que de privations. A leur mort, *la croix de*

---

(1) « Que de millions n'ont pas valu à la France Corneille, » Molière, Racine! On achète leurs ouvrages, on les lit dans » toute l'Europe; ils ont rendu notre langue, la langue » universelle. Nous sommes devenus, grâces aux chefs-» d'œuvre qu'ils ont produits, la nation sur laquelle les » autres tâchent de se modeler; c'est depuis cette époque » que les étrangers voyagent à Paris, et qu'ils y répandent » un argent immense. » (1730.)

bois est mise, et leur immortalité coûte cher à leur postérité.

Le Gouvernement est-là, qui veille sur leurs besoins; il les soulage, il les console, mais la source de ses bienfaits n'est pas inépuisable. N'y a-t-il pas, d'ailleurs, pour les enfans des auteurs, une ressource plus flatteuse dans le produit des veilles de celui à qui ils doivent le jour? Quand ils jouiront de ces *rentes* si légitimement acquises, ils n'auront plus recours à la munificence nationale. L'économie est ici d'accord avec l'équité. S'il y a des auteurs qui n'aient plus de descendans, le trésor percevra le droit, et le revenu sera réparti entre les gens de lettres : ce sera une noble dotation. Par-là, le ministère verra une cause de dépense transformée en un objet de recette. C'est un échange qui n'est pas à dédaigner, et une merveilleuse métamorphose.

N'est-il pas piquant de voir Mithridate avec du rouge, et Clytemnestre en falbalas, s'approprier sans scrupule les productions du génie? Il faut être, j'imagine, autre chose qu'un marquis de théâtre pour vivre aux dépens du mérite plébéien.

Souvenons-nous du joli mot de Camerani, le caissier de l'Opéra Comique : « Les Théâtres

» ne pourront jamais marcher tant qu'il y aura
» des auteurs. »

Les auteurs ont des torts à se reprocher. Ils se prodiguent trop. Ils ont des habitudes de coulisse qui les rabaissent. Pour qu'on les mette au courant du répertoire, ils baisent les genoux des actrices. Passe encore : mais, peut-on leur pardonner de se mettre aux pieds des acteurs ?

C'est-là ce qui gâte les comédiens. On fait chez eux anti-chambre, et ils se croient des grands seigneurs. Un directeur, plus obsédé de sa troupe d'auteurs que de sa troupe d'acteurs, fait l'important, même l'insolent, et l'on voit d'où naît ce scandale.

Mais que les choses se replacent sur leurs bases naturelles, et les hiérarchies se rétabliront.

Que les auteurs aient plus d'aisance, les comédiens seront plus polis. En vain prêcherions-nous d'autre morale. Le mérite en guêtres ne vaut pas la sottise en boguey ; et dans cet univers, entre tous les *porte-respects*, quel est le plus sûr ? la fortune.

TABLEAU

Du classement des ouvrages dramatiques, pour la perception des droits d'auteur.

Première Classe.

1°. Les tragédies en trois, quatre et cinq actes.
2°. Les comédies, les drames en quatre et cinq actes.
3°. Les opéras, les vaudevillles en trois, quatre et cinq actes.
4°. Les mélodrames, les ballets, les pantomimes et pièces à spectacles, en trois, quatre et cinq actes.

Seconde Classe.

1°. Les comédies, les drames en trois actes.
2°. Les opéras, les vaudevilles en deux actes.
3°. Les mélodrames, les ballets, les pantomimes en deux actes.

Troisième Classe.

1°. Les comédies en deux actes.
2°. Les comédies en un acte du Théâtre Français et du théâtre royal de l'Odéon.
3°. Les opéras, les vaudevilles en un acte.
4°. Les mélodrames, les ballets, les pantomimes en un acte.

Quatrième Classe.

Les comédies en un acte.

Certifié véritable par nous soussignés, agens généraux des auteurs dramatiques, Paris, ce 22 octobre 1816.

Richomme, *chevalier de la légion-d'honneur.*
Pain.

Projet de tarif nouveau.

Première Classe.

Les tragédies en trois, quatre et cinq actes.
Les comédies et drames en quatre et cinq actes.
Les drames et comédies en trois actes et en vers.
Les grands opéras et ballets en trois, quatre et cinq actes.

Deuxième Classe.

Comédies et drames en trois actes et en prose.
Opéra-comiques en trois actes.
Grands opéras, intermèdes et ballets, en un et deux actes.

Troisième Classe.

Comédies en un et deux actes du Théâtre Français ou de l'Odéon.
Opéras comiques en un et deux actes.
Vaudevilles en deux et trois actes.
Mélodrames, pantomimes, pièces à spectacle, en trois, quatre et cinq actes.

Quatrième Classe.

Comédies en un ou deux actes, des théâtres autres que les Français et l'Odéon.
Vaudevilles en un acte.
Mélodrames, pantomimes en un et deux actes.

Dans ce projet, le mélodrame est rejeté au troisième rang, et c'est encore par excès d'indulgence.

Nous voulons piquer d'honneur les gens

d'esprit qui se livrent à ce genre monstrueux, et que des lauriers attendaient sur d'autres champs de bataille.

CURIOSITÉS, FÊTES CHAMPÊTRES, etc.

Les sauteurs, les danseurs de corde, les funambules, les acrobates, les physiciens, les cabinets d'illusions, les animaux savans, les animaux féroces, les marionnettes, les ombres chinoises, et tous les spectacles de ce genre, sont classés parmi ce qu'on nomme les *curiosités*.

Quant aux *fêtes champêtres*, aux bals publics, on sait ce que c'est. Le Tivoli-Ruggieri est à leur tête, et l'on sait quels plaisirs champêtres on y goûte.

Saut de Niagara, scènes pyrotechniques, grimaciers, sorciers, tout s'y trouve; et pour y achalander les plaisirs, les entrepreneurs n'épargnent pas les soins.

Il avait été question de faire un règlement général pour les établissemens de ce genre.

Mais peut-être avons-nous assez de règlemens. Il ne faut que s'appliquer à les suivre, et tout ira bien.

La police municipale a cette branche d'administration sous son immédiate surveillance. Pourvu que le nombre des salles de baladins ne surpasse pas celui des églises, il n'y a rien à dire.

Il faut que le bon peuple s'amuse. Il se porte aux *Funambules*. Là, les places sont à quatre, six et huit sols, il y a, je crois aussi, des baignoires à douze sols pour la *bonne société ;* car elle se faufile partout.

Mais si les prix sont bas, la joie est grande. C'est là qu'on voit la gaieté parisienne dans toute son énergie ; et nous savons que plus d'un peintre y va puiser des inspirations.

Les *cafés-spectacles, cafés-concerts,* viennent ensuite. Une jeune beauté monte sur un tabouret, et chante au milieu des carafes. Quelquefois un galant aposté entame avec elle une conversation burlesque; et ces petites scènes, si on n'y prenait garde, deviendraient bientôt des comédies. Nicolet, Audinot, Montansier, et l'orgueilleux Opéra, n'ont pas commencé autrement.

Les *curiosités* tendent toujours à empiéter sur les attributions des *théâtres*. Paillasse a de l'ambition, et veut jouer l'opéra comique : c'est la règle commune. L'homme n'est jamais content de ce qu'on lui accorde.

— Ce qui lui est acquis le touche peu. Il aime ce qui est incertain, ce qui est bizarre, ce qui est injuste. Il veut vaincre la raison, les intérêts, les obstacles de tout genre; il y a là dedans un secret plaisir auquel le faible cœur humain ne sait point résister.

Une femme laide est cent fois plus qu'une belle, heureuse d'être adorée.

Une femme jolie se désespère, si dans le cercle de ses adorateurs il se glisse un petit bossu philosophe qui s'éloigne et qui reste de glace.

Il n'est sorte de petites simagrées que ne fasse la coquette pour rassurer, attirer, séduire le magot rebelle. Si ce manège ne suffit point, on ira jusqu'à la prière.

Il faut se souvenir de la fable de Vulcain, et de l'histoire du fruit défendu.

C'est un fruit fort goûté au Boulevart. Mais au bout du compte tout cela ne va pas loin; et un mot de l'inspecteur peut faire remonter les danseurs sur la corde, un signe rend à la gibecière nos escamoteurs déguisés.

Je me suis procuré une liste complète des établissemens qui viennent après les théâtres avoués : **Je l'offre à mes lecteurs.**

Spectacles de curiosités, cafés, bals, etc.

Séraphin. — Palais-Royal. — *Ombres chinoises.*
Aller. — Palais-Royal. — *Café, musique.*
Bouthier. — Palais-Royal. — *Café et sauvage.*
Montansier. — Palais-Royal. — *Café, musique.*
Fitz-James. — Palais-Royal. — *Café, musique.*
Patte. — Palais-Royal. — *Café, musique.*
Thillard. — Palais-Royal. — *Café, musique.*
Abillard. — Palais-Royal. — *Bal des étrangers.*
Faisan. — Palais-Royal. — *Relief du Simplon.*
Garrera. — Palais-Royal. — *Cosmorama.*
Barrey. — Galerie Montesquieu. — *Café, musique.*
Giacomini. — Cour des Fontaines. — *Cabinet d'illusions.*
Béaux. — Rue du Louvre. — *Ménagerie.*
Avisse. — Rue de Castiglione. — *Crocodile.*
Delaigne. — Rue de Castiglione. — *Vaisseau ambulant.*
Coclen. — Rue de Castiglione. — *Carrousel.*
Franconi. — Rue de Castiglione. — *Voiture nomade.*
Merlière. — Rue de Castiglione. — *Vaisseau royal.*
Mugot. — Rue de Castiglione. — *Reliefs.*
Barreau. — Rue de Rivoli. — *Mécanique.*
Pioche. — Place Louis XV. — *Marionnettes.*
Prévost. — Boulevart du Temple. — *Panorama de l'univers.*
Jacques. — Boulevart du Temple. — *Cabinet de figures.*
Dromal. — Boulevart du Temple. — *Vues maritimes.*
Dulout. — Boulevart du Temple. — *Optique.*
Fabien. — Boulevart du Temple. — *Funambules.*
Coutetier. — Boulevart du Temple. — *Automates.*
Boy. — Boulevart du Temple. — *Jeux récréatifs.*

Saqui cadet. — Boulevart du Temple. — *Café d'Apollon.*
Lalanne. — Boulevart du Temple. — *Café, musique.*
Hébert. — Rue Saint-Martin, Château d'eau. — *Chambre Nire.*
Pierre Saqui. — Boulevart Saint-Martin. — *Point de vue.*
Nizard. — Rue de Bondi. — *Vauxhall d'été.*
Olivier. — Rue des Petits-Champs. — *Physique.*
Garrick. — Quai de Gêvres. — *Marionnettes.*
Jean Cottrus. — Pont aux Choux. — *Cheval extraordinaire.*
Charigny. — Barrière du Maine. — *Figures de cire.*
Delaunay. — Aux Théatins. — *Café, musique.*
Bacqueville. — Boulevart des Italiens. — *Café, musique.*
Lunelle. — Au Petit-Pont. — *Café, musique.*
Bayard. — Rue des Grès-Saint-Étienne. — *Jardin des Bosquets.*
Benoiste. — Mont-Parnasse. — *Montagnes suisses.*
Associés. — Avenue de Neuilly. — *Montagnes aériennes.*
Associés. — Barrière du Roule. — *Montagnes russes.*
Populus. — Rue Neuve-des-Bons-Enfans. — *Montagnes artificielles.*
Frossard. — Rue des Marais, faubourg du Temple. — *Bal des Quatre Saisons.*
Guillaume. — Boulevart des Invalides. — *Jardin de Psyché.*
Bouillard. — Rue Neuve-de-Seine. — *Ombres chinoises.*
Carris. — Au Luxembourg. — *Automates parlants.*
Associés. — Au Luxembourg. — *Danses de corde, etc.*
Voici. — Rue de Grammont. — *Mécanique uranographique.*

Roussel. — Rue des Boucheries. — *Phénomène*.

Thomas. — A la Glacière. — *Réunion de société*.

Thierry. — Rue de Paradis (Marais.) — *Réunion de société*.

Peyre neveu. — Rue de Grenelle-Saint-Honoré. — *Réunion de société*.

Groumaire. — Rue Chantereine. — *Réunion de société*.

Doyen. — Rue Transnonain. — *Comédie bourgeoise*.

Comte. — Hôtel des Fermes. — *Ventriloque*.

Associés. — Rue de Provence. — *Vauxhall d'hiver*.

Associés. — Champs-Élysées. — *Bal de Flore*.

Associés. — Champs-Élysées. — *Salon de Mars*.

Ruggiéri. — Rue Saint-Lazare. — *Feux d'artifice, etc.*

Baneux. — Rue Saint-Lazare. — *Tivoli*.

ENVIRONS DE PARIS.

Saint - Denis, Sceaux, Vincennes, Saint-Cloud, Sèvres, Passy et autres lieux de cette importance ont leurs théâtres comme Paris.

Issy a le sien et le plus vieux de tous peut-être. C'est là que fut donné le premier opéra français.

Tout Paris courait à Issy pour voir ce beau spectacle : Les temps sont bien changés. Le *premier opéra* est aujourd'hui le *dernier*. Issy est sous ce rapport cruellement déchu de sa grandeur passée, et les acteurs qui vont y donner des représentations dans les *jours gras* ont l'air de mascarades.

Toutes ces petites communes des environs de Paris étaient, il y a quelques années, réunies sous la direction d'un certain auteur qui ne manquait pas de verve, mais qui écrivait *sirop* par un *c* et un *t*, ce qui fait *cirot*. On jugea que les chefs-d'œuvre de notre scène ne pouvaient être abandonnés à un homme de cette orthographe. On lui retira son brevet; il réclama en faisant observer qu'il ne pouvait estropier les chefs-d'œuvre, puisqu'il ne les jouait pas, et puisqu'il n'offrait au public que des pièces morales de sa composition.

Ah! vous ne jouez pas nos chefs-d'œuvre, lui dit-on; raison de plus pour vous ôter votre privilége.

Ainsi, par le double motif qu'il jouait et qu'il ne jouait pas le bon répertoire, le directeur perdit sa direction.

Ce n'est pas le moment de rire. Il paraît que la cause véritable de cette disgrâce vint de ce que ce directeur, comme tant d'autres, faisait trafic du droit qu'on lui avait concédé. Ce commerce de contrebande dure toujours quoiqu'il soit réprimé; mais je sais de bonne part que l'on casse sans pitié tous ceux qu'on découvre s'y livrant, et c'est un avis charitable que je crois devoir donner en passant à tous les chefs de troupes ambulantes et autres.

L'autorité veut que tout directeur reconnu soit à la tête de son entreprise, et réponde de sa gestion.

Après la chute de M. ***, Sèvres, Saint-Cloud, etc., restèrent pendant quelques mois sans tragédie, sans comédie, sans opéra; mais peu à peu de petites compagnies d'acteurs et d'actrices y firent des apparitions. Des élèves y débutèrent. On s'y voit sifflé comme ailleurs; cela accoutume.

Les maires aiment à procurer ce petit délassement à leurs administrés; mais de ces spectacles sans ordre et sans frein il s'ensuivait une foule d'inconvéniens.

Tout récemment, un arrêté vient d'être pris qui nomme un nouveau directeur : c'est le sieur Seveste, ancien acteur du Vaudeville, danseur élégant, régisseur éprouvé.

Des conditions sévères lui sont imposées. On ne peut plus craindre avec lui les écarts précédens, et toutes les mesures sont combinées pour que l'art et l'administration n'aient qu'à se louer de l'entreprise.

N'omettons pas le *Ranelagh*, où l'on joue

en hiver sans poêles, et où l'on donne *Azémia* toutes les fois que les gardes-chasses du bois de Boulogne consentent à faire les *sauvages*.

THÉATRES DES DÉPARTEMENS.

A Paris, où la foule abonde, si les théâtres ont de la peine à se maintenir, que sera-ce donc dans des ports sans commerce, dans des villes sans étrangers?

L'argent dans ces lieux-là ne circule point. On se renferme, on s'isole. L'herbe croît dans les rues; les planches du théâtre se couvrent de mousse; et, si par hasard une troupe ambulante descend sur ces tristes bords, elle y prêche dans le désert, et ses accens ne frappent que les murs.

Une troupe qu'on abandonne se désole et se perd. Les bureaux sont toujours ouverts; mais la caisse est toujours muette. Les fournisseurs n'ont pas pour cela plus de pitié; ils assiégent les actrices jusque dans leur alcove; ils poursuivent le directeur jusqu'au milieu de ses fonctions. Les répétitions vont fort mal, et les représentations plus mal encore.

Un directeur, homme de goût, muni d'une belle garde-robe et d'un magasin bien monté, débute par la bonne comédie ; personne ne vient.

Il change de batterie ; il essaie du marivaudage. Quelques ombres apparaissent ; mais la masse n'y comprend rien, et il faut jouer pour les banquettes.

Le drame est mis en œuvre à son tour. On y verse quelques larmes, et l'on s'éclipse aussitôt.

La tragédie est trop sérieuse ; l'opéra-comique trop léger ; le vaudeville frise l'indécence ; Tartufe fait peur aux dévots ; Figaro fait peur aux maris. Le pauvre directeur, ne sachant plus où donner de la tête, se jette à corps perdu dans le mélodrame ; mais sa vogue n'a qu'un jour, et il ne recule que pour mieux sauter. Les dettes se multiplient ; la justice saisit son bagage, et la société se disperse, honnie et dépouillée.

Les *troupes stationnaires* sont en général plus fortes et mieux composées que les *troupes ambulantes* ; mais, à l'exception de quatre ou cinq, elles ne sont pas moins malheureuses. Que d'avances ! que de nuits passées à apprendre des rôles ! que de jeûnes et de grelottemens ! J'ai vu de mes yeux de *jeunes princesses* et des *Dugazons* sans feu à Noël, sans œufs à Pâques ; on vivait de topinambours ; on avait des peplums de toile ; on nouait le cothurne avec des ficelles, et le diadème était de fer-blanc.

Nos petites maîtresses de Paris, avec leur lit à estrade, leur psyché, leur toilette à glace, ne se doutent guère de ces infortunes.

Comment avoir de la verve avec de pareils soucis? Laissez refleurir les arts, laissez les esprits se calmer; que les vendanges soient aussi bonnes que l'ont été les moissons ; que nos jeunes femmes nous laissent à nous autres hommes les querelles diplomatiques ; qu'elles s'intéressent un peu moins à la politique, un peu plus à la poésie, vous verrez les théâtres se repeupler, et l'art dramatique renaître.

Jusque-là toute peine sera vaine. Les plus beaux règlemens du monde ne donnent pas des spectateurs, et sans spectateurs point d'acteurs.

Au nombre des élémens destructeurs de nos entreprises théâtrales, il faut compter le taux trop modique des *abonnemens militaires*, les entrées trop nombreuses exigées par les petits pouvoirs, les frais de garde, etc., etc.

Il serait à souhaiter que la porte des théâtres fût regardée comme un *poste obligé*, où nulle rétribution ne serait due à la sentinelle.

Il faudrait, quant aux *entrées*, s'en tenir à

la stricte exécution des règlemens qui n'admettent, en sa qualité, dans l'intérieur de la salle, que le *commissaire de police*.

La loge du Roi est payée. C'est un bel exemple à suivre.

A l'égard des abonnemens de MM. les officiers, ils étaient autrefois faits par corps et non pas par individus : tout le monde y contribuait. La charge alors était légère.

Mais aujourd'hui on ne paye plus, ou presque plus.

Il n'est pas rare que la salle soit pleine, sans que les frais soient couverts. Tout en ce point est livré à l'arbitraire, et l'on sait comment il gouverne !

SALLES DE SPECTACLES.

« Pline affirme que le gendre de Sylla fit
» placer trois mille statues sur un seul théâtre.»

Qu'on juge par là de la magnificence des théâtres romains. Athènes avant Rome s'était distinguée en ce genre.

Nos salles modernes n'approchent point de tout cela. Il y a de l'élégance dans quelques-unes. Les peintures sont charmantes, mais les distributions sont le plus souvent détestables. On voit, on entend mal. Les machines sont *moyens sont employés pour produire de petits effets.* (Rousseau.)

Cette partie a besoin d'être perfectionnée. Il y a un colonel, M. de Grobert, qui était de l'expédition d'Égypte, et qui a écrit un livre fort savant sur la construction des salles de spectacles, il faudra le consulter pour le nouvel Opéra qu'on veut bâtir.

Il n'y a pas un théâtre à Paris qui ne laisse à reprendre. En province, on cite la salle de Nantes, celle de Rouen, surtout celle de Bordeaux.

Mais que de salles hideuses dans une foule de villes! Beaucoup ont commencé par être des jeux de paume: elles sont étroites et longues. D'autres sont placées dans de vieilles églises, humides et enterrées.

Les prudes ne veulent point aller dans celles-ci. On joue la comédie en secret, mais à l'extérieur on garde le décorum. *On fait l'oraison dans Racine*, et l'on veut passer pour des saintes. Vain projet, folle hypocrisie. Les humains deviennent chaque jour plus investigateurs.

On ne les trompe point. La malice envieuse
Porte sur votre masque un coup-d'œil pénétrant.
On vous devine mieux que vous ne savez feindre.
Et le stérile honneur de toujours vous contraindre
Ne vaut pas le plaisir de vivre librement.

SALLES DE SPECTACLE.

DÉPARTEMENS.	ARRONDISSEMENS.	Population.	PROPRIÉTAIRES DES SALLES.	PRIX DE LOCATION.	OBSERVATIONS.
N.........	Bellay........	3,729			
	Bourg........	6,984	La ville.....	10 fr. par représent.	
	Gex..........				
	Nantua........	2,791			
	Trévoux.......	2,530			
SNE......	Château-Thierry...	4,160			
	Laon..........	6,691	La ville.....	15 fr. par idem...	Souvent des remises.
	Saint-Quentin.....	10,477	Un particulier..	24 fr. par idem...	6 entrées.
	Soissons.......	7,229	La ville.....	24 fr. par idem...	6 idem.
	Vervins........	2,827			
IER......	Gannat........	4,134			
	La Palisse......	1,800			
	Mont-Luçon.....	5,684			
	MOULINS.......	13,509	Mme. Touray...	20 fr. par idem...	2 loges.
	Saint-Pourçain....	3,395	Chevalier.....	50 p. 3 rep. et 1 bal.	12 entrées.
ES (BASSES)..	Barcelonnette......	2,182			
	Castellane......	1,962			
	DIGNE.........	2,872			
	Forcalquier......	2,559			
	Sisteron.......				
ES (HAUTES).	Briançon.......	2,976			
	Embrun........	3,138			
	GAP..........	8,050			
ÈCHE....	L'Argentière.....	1,706			
	Privas.........	2,923			
	Tournon........	5,124			
ENNES.....	Mézières.......	3,310			
	Rhetel.........	4,862			
	Rocroy.........	2,875			
	Sedan.........	10,634	Actionnaires...	16 fr. par rep...	
	Vouziers.......	1,535			
	Charleville......	7,724	Un particulier..	21 par idem.....	5 entrées.
ÈGE......	Foix..........	3,600			
	Pamiers........	6,174			
	Saint-Girons.....	2,504			
E........	Arcis-sur-Aube....	2,500			
	Bar-sur-Aube.....	4,000	....		Salle brûlée.
	Bar-sur-Seine....	2,299			
	Nogent-sur-Seine...	3,208			
	TROYES........	24,061	La ville.....	24 fr. par idem...	6 entrées.
E........	CARCASSONNE.....	15,219	Hertz........	15 fr. par idem...	6 billets, 1 loge.
	Castelnaudary....	7,610			
	Limoux........	5,142			
	Narbonne.......	9,086	Delmas.......	15 fr. par idem...	6 billets.
YRON.....	Espalion.......	2,622			
	Milhau........	6,077			
	RODEZ.........	6,233	La ville.....	18 fr. par idem...	9 entrées.

DÉPARTEMENS.	ARRONDISSEMENS.	Population.	PROPRIÉTAIRES DES SALLES.	PRIX DE LOCATION.	OBSERVATIONS.
	Saint-Affrique.	3,528			
	Villefranche.	9,331			
BOUCHES-DU-RHONE	Aix.	21,000	Un particulier.	25 fr. par représent.	6 entrées, 1 loge.
	MARSEILLE.	96,413	Actionnaires.	8e. de la recette.	20 idem.
	Tarascon.	11,320	Un particulier.	12 fr. par représent.	2 idem.
	Arles.	18,470	Un particulier.	9 fr. par idem.	3 idem.
CALVADOS.	Bayeux.	9,600		400 fr. pendant la foire. 24 par représent. ordin.	
	CAEN.	30,923	Jovin.	7,000 fr. par an.	6 idem.
	Falaise.	14,000		400 fr. pendant la foire. 24 fr. par représent. ordin.	4 idem.
	Lisieux.	10,171		12 et 18 fr. idem.	
	Pont-l'Évêque.	2,500			
	Vire.	7,700			
CANTAL.	AURILLAC.	10,557	La ville.	10 fr. par idem.	
	Mauriac.	2,572			
	Murat.	2,557			
	Saint-Flour.	5,312			
CHARENTE.	ANGOULÊME.	13,000	La ville.	30 fr. par idem.	2 loges.
	Barbezieux.	1,984			
	Cognac.	2,827			
	Confolens.	2,045			
	Ruffec.	2,197			
CHARENTE-INFÉR.	Jonzac.	2,580			
	LA ROCHELLE.	17,512	Un particulier.	3,400 f. par an.	4 entrées.
	Marenne.	4,633			
	Rochefort.	15,000	Actionnaires.	4,000 fr. par an.	6 idem.
	Saint-Jean-d'Angely.	5,400	Un particulier.	24 fr. par repr.	2 idem.
	Saintes.	10,050	Un particulier.	24 fr. par idem.	4 idem.
CHER.	BOURGES.	16,330	La ville.	18 fr. par idem.	24 idem.
	Saint-Amand.	5,106	Berchon Delessart.	300 fr. pour 8 jours.	14 idem.
	Sancerre.	2,511			
CORRÈZE.	Brives.	5,762			
	TULLE.	9,362	Bastid.	15 fr. par représ.	
	Ussel.	3,036			
CORSE.	Ajaccio.	6,520			
	Bastia.	11,336	La ville.		
	Calvi.				
	Corte.				
	Sartène.				
COTE-D'OR.	Beaune.	8,344	Mlle. de Lotelle.	24 fr. par idem.	
	Châtillon-sur-Seine.	3,700			
	DIJON.	18,888	Lauriot.	2,000 fr. par an.	
	Sémur.	4,295			
COTES-DU-NORD.	Dinan.	6,820			
	Guingamp.	5,190			
	Lannion.	3,132			
	Loudéac.	6,096			
	SAINT-BRIEUX.	8,090	La ville.	24 fr. par représent.	

DÉPARTEMENS.	ARRONDISSEMENS.	Population.	PROPRIÉTAIRES DES SALLES.	PRIX DE LOCATION.	OBSERVATIONS
...EUSE.	Aubusson.	3,640			
	Bourganeuf.	1,988			
	Boussac.	586			
	Guéret.	3,125			
...RDOGNE.	Bergerac.	8,544			
	Nontron.				
	Périgueux.	5,733	Sicaire.	12 fr. par représ.	6 entrées.
	Ribérac.	2,985			
	Sarlat.	5,924			
...ONS.	Beaune.				
	Besançon.	28,436	La ville.	18 fr. par l'en.	
	Mont-Belliard.	3,693			
	Pontarlier.	3,880			
...ÔME.	Die.	3,968			
	Montélimart.	6,320			
	Nyons.				
	Valence.	7,532	Un particulier.	12 fr. par idem.	
	Romans.	6,473			
...E.	Bernay.	6,271			
	Évreux.	8,428	La ville.		
	Les Andelis.	2,032			
	Louviers.	6,819			
	Pont-Audemer.	5,207			
EURE-ET-LOIR.	Chartres.	13,791	Morin.		
	Châteaudun.	6,046			
	Dreux.	5,457			
	Nogent-le-Rotrou.	6,515			
FINISTÈRE.	Brest.	25,865	La ville.		
	Châteaulin.	3,172			
	Morlaix.	9,351	Des particuliers.	16 fr. par représ.	6 billets.
	Quimper.	6,651	2 idem.	200 fr. par mois.	5 entrées.
	Quimperlé.	5,617			
GARD.	Alais.	8,044	Actionnaires.	12 fr. par représ.	
	Le Vigan.	3,818			
	Nîmes.	39,594	Actionnaires.	1,000 fr. par mois.	25 bil. et des loges.
	Uzès.	6,350			
	Beaucaire.	7,943			
GARONNE (HAUTE).	Muret.	3,141			
	Saint-Gaudens.	4,155			
	Toulouse.	50,171	Actionnaires.	9,600 fr. par an.	9 log. et 60 entrées.
	Villefranche.	2,034			
GERS.	Auch.	7,696	La ville.	20 fr. par représ.	10 entrées.
	Condom.	6,650			
	Lectoure.	5,443			
	Dombez.	1,443			
	Mirande.	1,558			
GIRONDE.	Bazas.	4,215			
	Blaye.	3,580			
	Bordeaux { gr. théâtre. la Gaieté. théâ. franc. }	90,982	La ville. Cortay. Actionnaires.	24,000 fr. par an. 12,000 fr. par an.	fermé.

DÉPARTEMENS.	ARRONDISSEMENS.	Population.	PROPRIÉTAIRES DES SALLES.	PRIX DE LOCATION.	OBSERVATIONS
	La Réole.	3,808			
	Lesparre.	800			
	Libourne.	8,076			
HÉRAULT.	Béziers.	14,535	Veuve Geoffroy.	15 fr. par représ.	4 billets.
	Lodève.	7,469			
	MONTPELLIER.	32,723	Le domaine.	6,000 fr. par an.	
	Saint-Pons.	4,566			
	Cette.	6,985	Mignot.	15 fr. par représ.	
	Pézénas.	6,903			
ILLE-ET-VILAINE.	Fougères.	7,297			
	Montfort.	1,115			
	Redon.	3,783			
	RENNES.	25,904	Guibert.	3,500 fr. par an.	une loge à 6 places.
	Saint-Malo.	9,147	Schmildt.	24 fr. par représ.	une idem.
	Vitré.	8,809			
INDRE.	CHATEAUROUX.	8,049			
	Issoudun.	10,282			
	La Châtre.	3,463			
	Le Blanc.	3,850			
INDRE-ET-LOIRE.	Chinon.	6,110			
	Loches.	4,342			
	Tours.	20,240	Rucheron fils.	4,300 fr. par an.	17 entrées.
ISÈRE.	GRENOBLE.	20,654	La ville.		
	La Tour-du-Pin.	1,589			
	Saint-Marcellin.	3,047			
	Vienne.	12,200	Un particulier.	12 fr. par représent.	
JURA.	Dôle.	8,235	La ville.	6 fr. par idem.	
	LONS-LE-SAULNIER.	6,041	Idem.	9 fr. par idem.	
	Poligny.	5,388			
	Saint-Claude.	3,579			
LANDES.	Dax.	4,398	Idem.	15 fr. par idem.	12 entrées.
	MONT-DE-MARSAN.	2,866	Idem.	10 et 15 fr. idem.	
	Saint-Sever.	5,844			
LOIR-ET-CHER.	BLOIS.	14,900	Métivier.	3,000 fr. par an.	10 entrées.
	Romorantin.	7,100			
	Vendôme.	7,555			
LOIRE.	MONTBRISSON.	4,703	Leve.	12 fr. par représent.	2 entrées.
	Roanne.	6,992	Gambon.	12 et 18 fr. par idem.	
	Saint-Étienne.	16,259	Révereux.	24 fr. par idem.	
LOIRE (HAUTE).	Brioude.	5,486			
	Le Puy.	12,069	Un particulier.	9 et 12 fr. par idem.	1 loge, 6 entrées.
	Yssengeaux.	6,482			
LOIRE-INFÉRIEURE.	Ancenis.	2,923			
	Châteaubriant.	3,049			
	NANTES.	77,162	La ville.		
	Paimbœuf.	4,220			
	Savenay.	1,814			

ÉPARTEMENS.	ARRONDISSEMENS.	Population.	PROPRIÉTAIRES DES SALLES.	PRIX DE LOCATION.	OBSERVATIONS.
IRET.......	Gien............	5,117			
	Montargis.......	6,391			
	ORLÉANS........	41,937	Lebrun......	6,051 fr. par an...	6 entrées, 3 loges.
	Pithiviers........	3,071			
T.......	CAHORS.........	11,228	Richardet....	20 fr. par reprěs..	10 entrées.
	Figeac..........	6,452			
	Gourdon........	3,703			
T-ET-GARONNE.	AGEN...........	10,569	La ville.....	24 fr. par idem...	8 idem.
	Marmande.......	6,043			
	Nérac..........	5,587			
	Villeneuve d'Agen..	10,500			
ZÈRE.......	Florac..........	1,995			
	Marvejols........	3,611			
	MENDE..........	5,014			
INE-ET-LOIR..	ANGERS.........	33,000	Aynès....... Les hospices...	2,400 fr. par an...	8 idem.
	Beaugé.........	3,003			
	Beaupréau.......	1,640			
	Saumur.........	9,636	Actionnaires...	12 et 18 fr. par rep.	
	Segré..........	558			
NCHE......	Avranches.......	6,144			
	Cherbourg.......	14,316	....	24 fr. par idem.	
	Coutances.......	7,874	....	24 fr. par reprěs..	4 entrées.
	Mortain.........	2,376			
	SAINT-LÔ.......	7,601			
	Valogne.........	7,012			
ARNE.......	CHALONS-SUR-MARNE..	11,120	Les Hospices...	12 et 16 fr. par idem.	
	Epernay.........	4,410			
	Reims..........	30,225	Idem.......	1,900 fr. par an.	
	Sainte-Menehould..	3,394			
	Vitry-le-Français...	6,945			
ARNE (HAUTE).	CHAUMONT.......	6,188	La ville.....	12 fr. par reprěs.	
	Langres.........	7,283	Idem.......	6 fr. par idem.	
	Vassy..........	2,170			
AYENNE.....	Château-Gonthier..	4,834			
	LAVAL..........	15,167	Letort......	15 fr. par idem...	1 loge.
	Mayenne........	9,695			
EURTHE.....	Château-Salins....	2,110			
	Lunéville........	10,436			
	NANCY..........	28,227	La ville.		
	Sarbourg........	1,454			
	Toul...........	6,940			
EUSE......	BAR-LE-DUC......	2,961			
	Commercy.......	3,418			
	Montmédy.......	1,889			
	Verdun.........	9,136			
	Ligny..........	2,815			
ORBIHAN....	Lorient.........	17,837			
	Ploërmel........	4,512			

DÉPARTEMENS.	ARRONDISSEMENS.	Population.	PROPRIÉTAIRES DES SALLES.	PRIX DE LOCATION.	OBSERVATIONS.
	Pontivy.	3,090			
	Vannes.	9,131	La ville.	10 fr. par représent.	
MOSELLE.	Briey.	1,784			
	Metz.	41,035	La ville.		
	Sarguemines.	2,972			
	Thionville.	3,861			
NIÈVRE.	Château-Chinon.	3,106			
	Clamecy.	5,034			
	Cosne.	2,500			
	Nevers.	11,200	Amio.	17 fr. 20 c. idem.	6 entrées.
NORD.	Avesnes.	2,935			
	Cambrai.	13,799			
	Douai.	18,230	La ville.	24 fr. par idem.	
	Dunkerque.	21,158	Deux particuliers.	2,000 fr. par an.	2 loges et 8 entrées
	Hazebrouck.	6,611			
	Lille.	54,756	Actionnaires.	5,350 fr. idem.	8 entr. (la ville paye)
	Valenciennes.	16,918			
OISE.	Beauvais.	12,392	La ville.	18 ou 19 fr. par rep.	
	Clermont.	1,995			
	Compiègne.	7,058	Un particulier.	18 fr. par idem.	1 loge, 4 billets.
	Senlis.	4,312			
ORNE.	Alençon.	12,407			
	Argentan.	5,608			
	Domfront.	1,548			
	Mortagne.	5,740			
PAS-DE-CALAIS.	Arras.	19,958	La ville.	12 fr. par représent.	
	Béthune.	6,040			
	Boulogne.	16,607	Des particuliers.	18 fr. par idem.	1 loge.
	Montreuil.	3,534			
	Saint-Omer.	20,109	Caron.	15 et 18 fr. par idem.	1 loge de 8 places.
	Saint-Pol.	2,949			
	Calais.	8,551	Quillacq.	5,000 fr. par an.	2 idem de 6 places.
PUY-DE-DOME.	Ambert.	5,926			
	Clermont.	30,000	La ville.	24 fr. par représent.	
	Issoire.	5,095			
	Riom.	13,396	La ville.	12 fr. par idem.	
	Thiers.	10,635			
PYRÉNÉES (BASSES)	Bayonne.	13,190	La ville.	10 fr. par idem.	
	Mauléon.	1,010			
	Oléron.	5,515			
	Orthez.	1,417			
	Pau.	8,465	Des particuliers.	15 et 18 fr. par idem.	6 billets.
PYRÉNÉES (HAUTES)	Argelès.	810			
	Bagnères.	5,656	Actionnaires.	100 fr. par semaine.	12 entrées.
	Tarbes.	6,777	Un particulier.	22, 24, 30 f. par rep.	6 entrées, 1 loge.
PYRÉNÉES-ORIENT.	Céret.	2,383			
	Perpignan.	10,030	La ville.		
	Prades.	2,332			

DÉPARTEMENS.	ARRONDISSEMENS.	Population.	PROPRIÉTAIRES DES SALLES.	PRIX DE LOCATION.	OBSERVATIONS
IN (BAS)....	Saverne.	3,920			
	Schelestat.	7,464	La commune.		
	STRASBOURG.	49,056	Des particuliers.	9,600 fr. par an...	Payé p. la ville 8,000.
	Wissembourg.	4,997			
	Haguenau.	7,094			
IN (HAUT)....	Altkirch.	2,400			
	Béfort.	4,400			
	COLMAR.	11,933	La commune.		
ONE......	LYON.	115,128	Actionnaires...	26,000 fr. idem...	La commune paye le loyer.
	Villefranche.	5,022			
ONE (HAUTE)..	Gray.	5,100			
	Lure.	1,928			
	VESOUL.	5,417			
ONE-ET-LOIRE..	Autun.	9,176	La ville.	600 par séjour...	3 ou 4 entrées.
	Châlons-sur-Saône.	10,431	Idem.	26 fr. par représent.	
	Charolles.	2,407			
	Louhans.	2,849			
	Macon.	10,807	Idem.	15 fr. par idem...	3 entrées.
RTHE........	La Flèche.	5,099	La ville.	9 fr. par idem.	
	LE MANS.	18,081	Actionnaires...	24, 40 fr. par idem.	6 entrées.
	Mamers.	5,382			
	Saint-Calais.	3,630			
E........	PARIS. { Opéra. Théât. Franç. Feydeau. Favart. Odéon. Vaudeville. Variétés. Ambigu. Gaieté. Saint-Martin. Cirque. }	715,795	Le gouvernement. Julien... Actionnaires... Delamarre... La liste civile. Actionnaires... Idem... Audinot. Enfans Nicolet. Actionnaires... Franconi.	70,000 fr. par an... 68,000 40,000 46,000 48,000 40,000	loge et entrées.
	Saint-Denis.	4,425			
	Sceaux.	1,865			
E-INFÉRIEURE.	Dieppe.	20,000	La ville.	20 fr. par représ.	
	Le Havre.	16,000	Lemierre.	6,000 par an...	loge à 6 pl. et 4 ent.
	Neufchâtel.	2,838			
	ROUEN.	87,009	Vᵉ. Pottier et comp.	30,000 fr. par an.	31 entrées et 2 rep.
	Yvetot.	10,000			
	Elbœuf.	5,400			
E-ET-MARNE.	Coulommiers.	3,533			
	Fontainebleau.	7,421			
	Meaux.	6,648			
	MELUN.	6,111			
	Provins.	5,500			
E-ET-OISE...	Corbeil.	3,200			
	Étampes.	7,687			
	Mantes.	4,300			
	Pontoise.	5,174			
	Rambouillet.	2,588			

DÉPARTEMENS.	ARRONDISSEMENS.	Population.	PROPRIÉTAIRES DES SALLES.	PRIX DE LOCATION.	OBSERVATIONS
	Versailles.	27,524	Mlle Montansier	19,000 fr. par an.	une loge et 14 c...
	Saint-Germain.	8,954	Lebailly.	40 fr. par représ.	8 billets.
SÈVRES (DEUX).	Bressuire.	63.			
	Melle.	1,741			
	Niort.	15,028	Actionnaires.	1,800 fr. par an.	6 entrées.
	Partenay.	3,213			
SOMME.	Abbeville.	17,913	Jouvenel.	21 et 24 fr. par rep.	4 billets.
	Amiens.	49,006	La ville.		
	Doulens.	1,323			
	Montdidier.	4,117			
	Péronne.	3,665	Leclabart.	400 fr. par an.	
TARN.	Albi.	9,649	La ville.	18 fr. par représ.	11 entrées.
	Castres.	15,171	Vignon.	18 fr. par idem.	10 idem.
	Gaillac.	6,465			
	Lavaur.	6,237			
TARN-ET-GARONNE.	Castel-Sarrasins.	6,104			
	Moissac.	10,035			
	Montauban.	2,781	La ville.	20 fr. par idem.	20 idem.
VAR.	Brignoles.	5,460			
	Draguignan.	6,061			
	Grasse.	12,531			
	Toulon.	28,000	Actionnaires.	4,000 fr. par an.	une loge et 12 ent...
VAUCLUSE.	Apt.	4,689			
	Avignon.	21,412	Un particulier.	25 fr. par représent.	1 loge, 20 entrées
	Carpentras.	8,439	Un idem.	6 fr. par idem.	1 entrée.
	Orange.	7,270			
VENDÉE.	Bourbon-Vendée.	1,500			
	Fontenay.	6,520			
	Les Sables-d'Olonne.	5,168			
VIENNE.	Châtellerault.	8,193			
	Civray.	1,484			
	Loudun.	5,150			
	Montmorillon.	3,030			
	Poitiers.	18,223	Un particulier.	20 fr. par idem.	4 entrées.
VIENNE (HAUTE).	Bellac.	3,901			
	Limoges.	20,255	Besse.	2,432 fr. par an.	1 loge.
	Rochechouart.	1,440			
	Saint-Yrieix.	5,012			
VOSGES.	Épinal.	7,321	La ville.	4 fr. 50 par représ.	4 entrées.
	Mirecourt.	5,084			
	Neufchâteau.	2,700			
	Remiremont.	3,950			
	Saint-Dié.	5,346			
YONNE.	Auxerre.	12,047	Idem.	15 par idem.	
	Avalon.	5,038	Idem.	6 fr. par idem.	
	Joigny.	5,132			
	Sens.	8,575	Veuve Diot.	De 6 à 24 fr. idem.	1 loge.
	Tonnerre.	4,261			

TROUPES AMBULANTES.

ITINERAIRES 1817. (1)

PREMIER ARRONDISSEMENT.

A Cambrai, du 21 au 30 avril; à Valenciennes, du 21 au 30 avril; à Valenciennes, du 1er. mai au 4 juin; à Dunkerque, du 5 juin au 9 juillet; à Douai, du 10 juillet au 12 août; à Cambrai, du 13 août au 7 septembr; à Valenciennes, du 8 septembre au 10 octobre; à Dunkerque, du 11 octobre au 4 janvier; à Douai, du 5 janvier au 28 février; à Valenciennes, du 1er. mars jusqu'à la fin de l'année théâtrale.

DEUXIÈME ARRONDISSEMENT.

Première troupe. — A Saint-Omer, avril et mai; à Boulogne, du 1er. juin au 10 août; à Arras, du 11 août au 20 septembre; à Saint-Omer, du 21 septembre au 30; à Boulogne, du 1er. octobre au 30 novembre; à Arras, le reste de l'année théâtrale.

---

(1) Ces itinéraires sont arrêtés tous les ans pour les troupes ambulantes, et chaque ville sait ainsi à quelle époque et pour combien de temps elle doit avoir la comédie. Il faut dire que ces routes tracées ne sont pas toujours bien exactement suivies. Les directeurs sont capricieux et peu dociles. La crainte de faire des pertes en une ville les empêche quelquefois d'y aller. Ils ne veulent avoir que les bénéfices de l'entreprise, et ils se soumettent difficilement à supporter les charges. En tenant la main à l'exécution des itinéraires, on comprend cependant qu'on éviterait bien des embarras et des réclamations. En France, dans toutes les parties, il ne manque pas de bonnes règles. Il ne manque que de constance pour en assurer l'effet.

Deuxième troupe. — A Boulogne et St.-Omer, alterner de mois en mois, du 1er. décembre à la fin du Carnaval.

TROISIÈME ARRONDISSEMENT.

A Amiens, depuis le commencement de l'année théâtrale jusqu'au 20 juillet ; à Abbeville, du 21 juillet au 20 août ; à Amiens, du 21 août au 28 septembre ; à Péronne, du 29 septembre au 18 octobre ; à Amiens, du 11 octobre au premier dimanche de Carême ; à Abbeville, du premier dimanche de carême jusqu'à la fin de l'année théâtrale.

QUATRIÈME ARRONDISSEMENT.

Première troupe. — Avril, mai, juin, juillet, août, septembre, octobre, Saint-Quentin (1), Laon et Soissons alternativement ; novembre, décembre, janvier, février, Beauvais ; mars, Saint-Quentin.

Deuxième troupe. — Avril, mai, juin, juillet, août, septembre, octobre, Beauvais, Compiègne et Soissons alternativement ; novembre, décembre, janvier, février, Soissons, Laon, Saint-Quentin, Compiègne et Senlis alternativement ; mars, Beauvais.

CINQUIÈME ARRONDISSEMENT.

Première troupe. — A Châlons, avril ; à Épernay et Reims, mai ; à Charleville, juin ; à Sedan, juillet ; à Charleville et Sedan, août et septembre, octobre, novembre, décembre 1816 ; janvier, février, mars 1817, à Reims, sauf une excursion à Châlons.

---

(1) Saint-Quentin vient d'être réuni à la direction d'Abbeville et d'Amiens.

Deuxième troupe. — A Verdun, mai; à Bar, juin; à Vitry, juillet; à Châlons, août; à Épernay, septembre; à Charleville et Sedan, octobre, novembre, décembre 1816; janvier, février, mars 1817, dans les villes que n'occupera pas la première troupe, et qui offriront des ressources au directeur.

SIXIÈME ARRONDISSEMENT.

Comédie. — A Nancy, du 4 avril au 4 juillet; à Metz, du 4 juillet au 4 octobre; à Nancy, du 4 octobre au 4 janvier; à Metz, du 4 janvier jusqu'à la fin de l'année théâtrale.

Opéra. — A Metz, du 4 avril au 4 juillet; à Nancy, du 4 juillet au 4 octobre; à Metz, du 4 octobre au 4 janvier; à Nancy, du 4 janvier jusqu'à la fin de l'année théâtrale, sauf quelques excursions dans les petites villes de l'arrondissement.

SEPTIÈME ARRONDISSEMENT.

Première troupe forte. — Dans le département du Bas-Rhin, avril, mai, juin 1816; dans le département des Vosges, juillet, août, septembre; dans le département du Haut-Rhin, octobre, novembre, décembre 1816; janvier, février, mars 1817.

Deuxième troupe légère. — Dans le département du Bas-Rhin, octobre, novembre, décembre 1816; dans le département des Vosges, janvier, février, mars 1817.

HUITIÈME ARRONDISSEMENT.

Première troupe. — A Troyes, du 21 avril au 15 juin; à Chaumont, du 15 juin au 31 juillet; à Langres, le mois d'août; à Auxerre, septembre, octobre, novembre; à Troyes, décembre, janvier, février, mars.

Deuxième troupe. — A Sens et Auxerre, du 18 mai au 10 août; à Troyes, du 10 août au 10 septembre; à Chaumont, du 10 septembre au 1er. décembre; à Langres et Tonnerre, du 1er. décembre au 1er. janvier; à Auxerre, du 1er. janvier au 10 mars; à Joigny, la fin de l'année théâtrale.

NEUVIÈME ARRONDISSEMENT.

A Chartres, avril et mai; à Melun et Fontainebleau, du 1er. juin au 15 juillet; à Meaux, du 16 juillet au 15 août; à Dreux et Évreux (1), du 16 août au 6 septembre; à Chartres, du 7 septembre au 30; à Étampes, première quinzaine d'octobre; à Melun et Fontainebleau, du 16 octobre au 30 novembre; à Chartres, fin de l'année théâtrale.

DIXIÈME ARRONDISSEMENT.

Première troupe. — A Caen, fin d'avril et mai; à Cherbourg, Bayeux, Saint-Lô, juin, juillet et première quinzaine d'août; à Falaise, deuxième quinzaine d'août; à Lisieux, première quinzaine de septembre; à Caen, fin de l'année théâtrale.

Deuxième troupe. . . . .
. . . .

ONZIÈME ARRONDISSEMENT.

Première troupe. — Au Mans, du 21 avril au 20 juin; à Rennes, du 20 juin au 31 juillet; à Saint-Malo, du

---

(1) A partir de 1818, Évreux doit être réuni à la direction du théâtre de Rouen.

1er. août au 15 novembre ; à Rennes, du 16 novembre au mercredi des Cendres ; au Mans, le reste de l'année théâtrale.

Deuxième troupe. — A Laval, du 21 avril au 31 juillet; à Rennes, du 1er. août au 15 octobre, sauf une excursion à Laval au temps de la foire de septembre; à la Flèche, du 16 au 30 octobre ; au Mans, du 1er. novembre au mercredi des Cendres ; à la Flèche, le reste de l'année théâtrale.

DOUZIÈME ARRONDISSEMENT.

A Vannes, du 21 avril au 31 mai; à Saint-Brieux, du 1er. juin au 15 juillet ; à Morlaix, du 16 juillet au 31 août; à Quimper, le mois de septembre; à Lorient, fin de l'année théâtrale, sauf quelques excursions, pendant le carême, dans les villes qui offriront des ressources au directeur.

TREIZIÈME ARRONDISSEMENT.

Opéra. — A Tours, avril, 2 ; à Angers, mai, 24 ; à Tours, août, 1er. ; à Blois, août, 25 ; à Orléans, septembre, 15, pour finir l'année.

Comédie. — A Orléans, avril, 2 ; à Blois, juin, 12 ; à Tours, juillet, 1er. ; à Saumur, août, 1er. ; à Angers, octobre, 15 ; à Tours, pour finir l'année, décembre, 1er.

QUATORZIÈME ARRONDISSEMENT.

Opéra. — A la Rochelle, du 1er. avril au 14 ; à Rochefort, du 15 au 29 avril ; à Saintes, du 30 avril au 5 mai ; à Niort, du 4 mai au 25 ; à Poitiers, du 26 mai au 20 juin ; à Fontenay, à Saint-Jean-d'Angely, du 21 juin au 28 ; à la Rochelle, du 29 juin au 8 juillet ; à Rochefort, du 9 juillet au 31 ; à la Rochelle, du 1er. août au 29; à Niort, du 30 août au 20 septembre ; à la Rochelle, du 21 septembre au 25 octobre; à Rochefort, du 26 octobre au 15 décembre ; à la Rochelle, du 16 décembre au 8 janvier ; à Rochefort, du 9 janvier au 10 février ; à la Rochelle, du 11 février au 1er. mars ; à Rochefort, du 2 mars au 5 avril.

Comédie. — A Poitiers, du 1er. octobre au 18 novembre ; à Niort, du 19 novembre au 1er. janvier ; à Poitiers, du 2 janvier au 2 février ; à Niort, du 3 février au 1er. mars ; à Poitiers, du 2 mars au 5 avril (1).

QUINZIÈME ARRONDISSEMENT.

A Bourges, du 9 avril au 7 juin ; à Nevers, du 11 juin au 8 juillet ; à Gannat (foire), du 8 juillet au 12 ; à Moulins, du 13 juillet au 27 août ; à St.-Pourçain (foire), du 28 août au 30 ; à Moulins, du 1er. septembre au 3 ; à Nevers, du 5 septembre au 26 ; à Cosne (foire), du 27 septembre au 30 ; à Nevers, du 1er. octobre au 19 ; à Saint-Amant (foire), du 22 octobre au 29 ; à Moulins, du 1er. novembre au 1er. janvier ; à Nevers, du 2 janvier au jour des Cendres ; à Moulins, du lendemain des Cendres au jour de la Passion.

SEIZIÈME ARRONDISSEMENT.

A Dijon, du commencement de l'année théâtrale jusqu'au 24 mai ; à Besançon, du 25 mai au 28 juillet ; à Gray, du 29 juillet au 1er. septembre ; à Besançon, du 2 septembre au 15 octobre ; à Beaune, du 16 octobre au 15 novembre ; à Dijon, du 16 novembre au 17 janvier ; à Besançon, du 18 janvier au 20 mars ; à Dijon, fin de l'année théâtrale.

---

(1) Poitiers vient d'être réuni à la direction de Limoges.

DIX-SEPTIÈME ARRONDISSEMENT.

A Châlons-sur-Saône, le mois de mai ; à Mâcon, le mois de juin ; à Bourg, le mois de juillet ; à Lons-le-Saulnier, le mois d'août ; à Salins, le mois de septembre ; à Dôle, le mois d'octobre ; à Mâcon, novembre, décembre, et moitié de janvier ; à Châlons, du 15 janvier à la fin de mars.

DIX-HUITIÈME ARRONDISSEMENT.

A Grenoble, avril et mai ; à Chambéry (1), juin et juillet ; à Grenoble, du 1er. au 20 août ; à Valence, du 21 août au 15 octobre ; à Grenoble, du 16 octobre jusqu'à la fin du carnaval ; à Chambéry, le reste de l'année théâtrale.

DIX-NEUVIÈME ARRONDISSEMENT.

Première troupe, Opéra et Comédie. — Du 30 avril au 14 mai, les deux genres à Clermont ; du 15 mars au 15 juin, l'opéra à Aurillac, la comédie à Riom et Clermont ; du 19 juin au 23 juillet, les deux genres au Puy ; du 24 juillet au 15 août, la comédie à Montbrison, l'opéra à Clermont ; du 16 août au 29 octobre, les deux genres à Saint-Étienne ; le reste de l'année théâtrale, des deux genres, à Clermont et à Riom.

Deuxième troupe. — Du 15 mai au 30 juin, à Montbrison, et dans les petites villes du département de la Loire ; du 1er. juillet au 31 août, dans les villes du département de la Haute-Loire (autres que celle du Puy), et dans les villes de l'Ardèche ; du 1er. septembre au 30 oc-

---

(1) Chambéry n'appartenant plus à la France, les acteurs passent à Grenoble les mois de juin et juillet, et le carême à Valence.

tobre, dans le département du Cantal; du 1er. novembre au 31 décembre, au Puy, et dans les petites villes du département de la Haute-Loire; le reste de l'année théâtrale, à Montbrison, et dans les petites villes du département de la Loire (1).

VINGTIÈME ARRONDISSEMENT.

Première troupe. — A Limoges, du 21 avril au 23 mai; à Angoulême, du 24 mai jusqu'au 15 juillet; à Périgueux, du 16 juillet au 20 septembre; à Limoges, du 21 septembre jusqu'à la fin du carnaval; à Angoulême, fin de l'année théâtrale.

Seconde troupe. — A Angoulême, octobre, novembre, décembre; à Périgueux, janvier, février, mars; à Limoges, fin de l'année théâtrale.

VINGT-UNIÈME ARRONDISSEMENT.

Première troupe. — A Montauban, du 21 avril au 15 mai; à Agen, du 15 mai au 30 juin; à Auch, du 1er. juillet au 31 août; à Agen, du 1er. septembre au 15 novembre; à Montauban, du 15 novembre à la fin du carnaval; à Cahors, le reste de l'année théâtrale.

Seconde troupe. — A Cahors, juillet et août; à Rodez, du 1er. septembre au 15 octobre; à Alby, du 16 octobre

---

(1) A partir de 1818, les brevets donnés pour les directions ne comprendront plus ces *petites villes*. Les troupes *autorisées* ne seront plus chargées que du service des villes un peu importantes. Le reste des communes sera ouvert aux sociétés libres d'acteurs du troisième et quatrième rang. Pour exercer, il leur suffira de la permission des maires. Les priviléges porteront le nom des villes réservées à ceux qui les auront obtenus.

au 30 novembre; à Auch, du 1er. décembre à la fin du carnaval; à Agen, le reste de l'année théâtrale.

VINGT-DEUXIÈME ARRONDISSEMENT.

Première troupe. — A Bayonne, à Dax et Mont-de-Marsan, avril, mai, et jusqu'au 20 juin; à Pau, du 21 juin au 10 juillet; à Tarbes, fin de juillet; à Bagnères, août; à Tarbes, première quinzaine de septembre; à Pau, du 16 septembre au 30 octobre; à Bayonne, fin de l'année théâtrale.

Seconde troupe. . . . .
. . . .

VINGT-TROISIÈME ARRONDISSEMENT.

Seconde troupe. — A Beziers, du 28 avril au 30 juin; à Narbonne, du 1er. juillet au 18 août; à Carcassonne, du 19 août au 3 septembre; à Limoux, du 4 septembre au 9 septembre; à Carcassonne, du 10 septembre au 15 octobre; à Narbonne, du 16 octobre au 30 novembre; à Beziers, du 1er. décembre au 29 janvier; à Carcassonne, le reste de l'année théâtrale.

VINGT-QUATRIÈME ARRONDISSEMENT.

A Nîmes, du 21 avril au 30 juin; à Alais, du 1er. juillet au 31 août; à Nîmes, du 1er. septembre jusqu'à la fin de l'année théâtrale.

VINGT-CINQUIÈME ARRONDISSEMENT.

Première troupe. — A Aix et Avignon, avril et mai; à Brignolles, juin; à Draguignan, juillet; à Grasse, août; à Draguignan, du 1er août au 15 septembre; à Brignolles, du 15 au 20 décembre; alterner entre Avignon et Carpentras, reste de l'année théâtrale.

Seconde troupe. — A Arles, octobre; à Aix (1), du 1ᵉʳ novembre à la fin du carnaval; à Tarascon, fin de l'année théâtrale.

TROUPES STATIONNAIRES.

1817.

Paris.	11.	Toulouse.	1.
Lille.	1.	Montpellier.	1.
Calais (2).	1.	Perpignan.	1.
Rouen.	1.	Marseille.	1.
Brest.	1.	Toulon.	1. (3)
Nantes.	1.	Lyon.	2.
Bordeaux.	2.	Strasbourg.	2.

---

(1) Aix vient d'être réuni à la direction de Marseille.
(2) A partir de 1818, Calais sera réuni à la direction d'Arras.
(3) Toulon vient d'être réuni à la direction de Marseille.

THÉATRES.

PERSONNEL.

Je me suis procuré et je donne ici des listes comprenant environ 2400 personnes attachées à l'heure actuelle tant aux théâtres de Paris qu'aux théâtres des départemens.

Depuis l'arrivée de ces listes, et pendant l'impression, il a pu, il a dû survenir quelques changemens.

Pour avoir l'état, rigoureusement exact, des troupes de comédiens, des troupes ambulantes surtout, il faudrait le refaire tous les mois, tous les jours.

Les comédiens ont le naturel des papillons, les actrices, celui des sauterelles; ils ne peuvent tenir en place. Mais enfin ces états, tels qu'ils sont, laissent peu à désirer. Ils montrent quelle est la composition de ces alertes compagnies, qui, sous la bannière de la folie, combattent tous les soirs pour nos menus plaisirs.

Au même instant où le grand maître de l'opéra frappe sur son pupitre, du bout de son archet, pour ouvrir le spectacle, cinquante autres petits bâtons font un mouvement pareil dans toutes nos provinces. Les mêmes airs, les mêmes vers, sont souvent répétés dans cinquante salles à la fois ; et, de six heures à minuit, dans nos villes un peu marquantes, on peut être sûr, quand on voyage, d'entendre en arrivant ou le galoubet du Vaudeville, ou les éclats de rire de Thalie, ou la trompette du mélodrame.

L'Angleterre n'offre point, sous ce rapport, les mêmes ressources que la France. En 1720, le parlement rendit, sur la proposition du ministre Robert Valpole, un bill qui gêna fort le théâtre : milord redoutait les leçons de la comédie.

Les comédiens de Londres peuvent être enterrés à Westminster. Les comédiennes épousent des comtes. Mais, à l'exception de quelques sujets du premier ordre, ils sont (dit le docteur Burney) *si gauches et si maussades, si peu naturels, si empesés,* qu'ils détruisent toute illusion, et qu'ils ne sont bons qu'à donner le *spleen* ou des vapeurs.

THÉATRES DE PARIS.

ACADÉMIE ROYALE DE MUSIQUE.

M. Persuis, régisseur général.

Administration. — MM. Courtin, secrétaire général; Luzy, comptable; Pujot, A. Courtin, Pinson, commis.

Caisse. — MM. Bonnemer, caissier; Preux, commis; Ducoing, préposé à la location des loges.

CHANT.

Chefs. — MM. Lebrun, premier; A. Piccini, deuxième; Adrien, professeur; Fusquel, répétiteur.

Premiers. — MM. Lays, Derivis, Nourrit, Lavigne.

Mesdames Arnaud, Branchu, Albert Himm.

Remplacemens. — MM. Bonel, Levasseur, Éloi.

Mesdames Granier, Paulin.

Doubles. — MM. Alexandre, Henrard, Prévost.

Mesdames Grassari, Alan, Paradol Fétis.

Après cela viennent cinquante choristes.

DANSE.

Maîtres des ballets. — MM. Gardel, Milon.

Professeurs. — Coulon, Guillet, Maze.

Premiers. — MM. Albert, Beaupré.

Mesdames Clotilde, Bigottini, Gosselin-Martin.

Remplacemens. — MM. Antonin, Paul, Ferdinand.

Mesdames Delille, Courtin, Fanny Bias, Masrélié.

Doubles.—MM. Branchu, Mérante, Anatole, Montjoie, Bauglain, Coulon fils.

Mesdames V. Saulnier, Gaillet, Élie, Marinette, Anatole-Gosselin, Aimée, Bertin, Fliger.

Il y a cinquante-huit figurans, plus les comparses ; mais on ne les voit que par groupes, et il n'est pas nécessaire (quoiqu'il fût facile) d'en donner les noms.

ORCHESTRE.

M. Kreutzer, chef d'orchestre.

Violons. — MM. Habeneck, Choll aîné, Choll jeune, Cartier, Lechard, Pagnier, Lalance, Crochet, Fliger, Rousseau aîné, Duret, Sauvageot, Manceau, Kreutzer jeune, Gasse, Guénée, Verdiguier, Xavier, Pilate, Launer, Auzou, Habeneck (C.), Dufresne, Lambert, Vidal.

Hautbois.—MM. Woght, Schneizhoeffer, F. Miolant,

Flûtes.—MM. Tulou, l'Épine.

Clarinettes.—MM. L. Lefebvre, Dacosta, Péchignier.

Cors.—MM. Duvernoy (F.), Dauprat, Mengal jeune, Colin aîné, Colin jeune.

Bassons.—MM. Delambre, Gébauer, Dossion, Barisel.

Trompettes.—Guthmann, Bulh.

Trombonnes.—MM. Guthmann fils, Cornu, Bénard.

Altos.— MM. Guinebaux, Lefebvre fils, Amédée, Armand, Frey, Urhan, Blondeau, Callaut.

Violoncelles.—MM. Levasseur jeune, Voisin, Rey, Prunel, Levasseur fils, Norblin, Tourte fils, Saint-Aubin, Charles, Porte.

Contrebasses.—MM. Sorne, Chénié, Gelineck, Riffault, Hoffmayer, Chapuis, Lamothe, Schast.

Timbalier. — M. Schneitz-Hœffer.
Harpiste. — M. Vernier.
Bibliothécaire copiste. — M. Lefebvre.
Machiniste en chef. — M. Gromaire.
Chefs de l'atelier de peinture. — MM. Degotti, Ciceri.
Chef de l'atelier d'habillement. — M. Rébory.

En janvier 1713 l'Opéra avait 72 acteurs et 50 agens, pour 67,050 fr.

En 1752, il y avait 190 personnes. Il y en a aujourd'hui 250.

THÉATRE FRANCAIS.

COMÉDIENS ORDINAIRES DU ROI.

Sociétaires par ordre de réception. — MM. Fleury, Saint-Prix(1), Saint-Phal, Talma, Michot, Baptiste cadet, Damas, Baptiste aîné, Armand, Lafond, Lacave, Thénard, Devigny, Michelot, Cartigny, Monrose.

Mesdames Thénard, Mars, Bourgoin, Volnais, Duchesnois, Émilie Leverd, Dupuis, Dupont, Demerson.

Acteurs aux appointemens. — MM. Marchand, Vanhove, Faure, Baudrier, Firmin, Dumilâtre, Desmousseaux, Saint-Eugène, Victor, David.

Mesdames Mars aînée, Devin, Reignier, Petit, Émilia Clairet.

Secrétaires-souffleurs. — MM. Maignien, Garnier.

---

(1) Cet acteur va quitter le théâtre. Lady Morgan ne l'a pas bien traité dans son livre; mais les *Annales* ont un peu raccommodé cela dans leur numéro du 31 août 1817.

Orchestre.

M. Baudron, chef et compositeur.

Violons. — MM. Fior, Rameau, Brun, Fondeski, Hugot, Bernard, Ferrière, Mellet.

Basses. — MM. Jollet, Chapelet, Rudolf.

Quinte et timbalier. — MM. Meurand, Prot.

Contrebasses. — MM. Dourde, Gresset.

Bassons et flûtes. — MM. Ducreux, Fourrier.

Clarinettes. — Péchignier, Vander Hagen.

Cors. — Puissant, Legros.

Surnuméraires. — MM. Petit, Thierri, Hugré, Cornu, Maillard, Audoucet.

Comptabilité. — MM. Decormeille, caissier; Lebert, inspecteur général et contrôleur de la caisse; Maury, premier contrôleur.

Madame Jordan, concierge, chargée de la location des loges.

Premier machiniste. — M. Adam.

Tailleur costumier. — M. Combre.

THÉATRE ROYAL DE L'OPÉRA-COMIQUE.

Administration et comptabilité. — MM. Duverger, sociétaire, régisseur général et semainier principal; Est, caissier; Duclos, agent comptable; Rézicourt, secrétaire du comité.

Acteurs sociétaires par ordre de réception. — MM. Chenard, Martin, Lesage, Juliet, Saint-Aubin, Moreau, Baptiste, Paul, Huet, Darancourt.

Mesdames Desbrosses, Crétu, Gavaudan, Moreau, Duret, Lemonnier-Regnault, Belmont, Boulanger.

Acteurs aux appointemens. — MM. Darcourt, Allaire, Roland, Ponchard, Lejeune, Génot, Vizentini, Lemonnier.

Mesdames Paul-Michu, Joly-Saint-Aubin, Richardy, Leclère, Palar, Môre.

Trente-quatre choristes.

ORCHESTRE.

MM. Blasius, Lefevre, chefs; Fréd. Kreubé, sous-chef.

Violons. — Griat, Cudré, Habeneck, G. Ney, Dupierge, Bouvier, Goliet, Petit, Loulié, Stark, Samson, Claudel.

Quintes ou altos. — MM. Pas-de-Loup, Berlpt, Devaux, Fontaine.

Basses. — Berger, Guérin, Aubert, Cardon fils, Menessier, Besse-Lièvre.

Contre-basses. — MM. Jaspin, Lagneau, Niguet, Perret.

Bassons. — Henri, Judas, Dufour.

Clarinettes — Ch. Duvernoy, Bonfil.

Flûtes. — MM. Besozzi, Gébauer, Toni Besetzky.

Hautbois. — MM. Exevin, Léonard, Châlons.

Cors. — MM. Mengal, Ch. Petit, Schneider, Schneider fils.

Trompettes. — Venon, F. Petit.

Harpiste. — M. Foignet.

Timbalier. — M. Cardon fils.

Pianiste-répétiteur. — M. Moreau.

Accordeur. — M. Clément.

SERVICE GÉNÉRAL DU THÉATRE.

Peintres. — MM. Mathis, Desroches, Blanchard.
Machinistes. — MM. Carré, Colin.

THÉATRE ROYAL DE L'ODÉON.

Directeur sociétaire. — M. Picard, membre de l'Académie française, et de l'ordre royal de la légion d'honneur.

Secrétaire général sociétaire. — M. Loraux, aîné.
Régisseur sociétaire. — M. Walville.
Caisse. — MM. Jubert, caissier; Millot, commis.

Acteurs sociétaires, par ordre d'ancienneté. — MM. Walville, Closel, Armand, Thénard, Perroud, Chazel, Pélissier, Édouard.

Mesdames, Adeline, Fleury, Délia, Milen.

Acteurs pensionnaires. — MM. Leborne, père, Ménétrier, Alphonse, Charles Aubert, Leborne, fils, Duparey, Azénia.

Mesdames, Descuillés, mère, Roi, Perroud, Adèle, Félicie, Humbert, Henri Devin, Descuillés, cadette.

Bibliothécaire-souffleur. — M. Saint-Hilaire.

ORCHESTRE.

Orchestre. — M. Crémont, chef.
Violons. — MM. Lagny, Barbareau, Joly, Maussant.
Altos. — MM. Robineau, Taulois, Villain, Malot.
Flûte. — M. Nermel.
Clarinette. — M. Dufour.

Cors. — MM. Michault, Pector.

Basson. — M. Rousseau.

Service du théâtre. — MM. Héry, machiniste, M. Forestier, costumier.

Service de la salle. — M. Galliot, inspecteur général.

M. Monneau, contrôleur principal, préposé à la location des loges.

THÉATRE ROYAL ITALIEN.

Directrice. — Madame Catalani.

Directeur de la musique. — M. Paër.

Artistes. — MM. Garcia, Porto, Barilli, Chiodi, Angrisani, Console, Rubbi, Luppi.

Mesdames, Dickonse, Morandi, Bartolozzi Vestris, Garia, Chaumel, Cinti.

Vingt-six choristes.

ORCHESTRE.

Orchestre. — M. Grasset, chef.

Violons. — MM. Lepreux, Seilas, Bounardot père, Bessot, Lemoyne, Moréna, Ousmonde, Girard, Jobin, Bounardot fils, Boyet, Carpentier, Turbri.

Altos ou quintes. — MM. Martin, Godefroy, Saint-Laurent.

Violoncelles. — MM. Mailly, L'hoste, Barni, Manuel.

Contre-Basses. — MM. Perrin, Dupont, Claveau, Poisson, Tirot.

Flûtes. — MM. Drouet fils, Moudra.

Hautbois. — MM. Fouquet, Dequevauviller.

Clarinettes. — MM. Dacosta, Péchiguier.
Bassons. — MM. Fougas, Savary.
Cors. — MM. Atrapart, Puzzi.
Trompettes. — MM. Bulh, Boireau.
Accordeur. — M. Frédéric Wandt.

EMPLOYÉS.

Régisseurs. — MM. Benelli, Drouet père.
Poëte. — M. Balocchi.
Souffleurs. — MM. Andrioli, Luppi.
M. Caron, machiniste.
M. Babin, costumier.

THÉATRE DU VAUDEVILLE.

Administration. — MM. Désaugiers, directeur; Chambon, administrateur-caissier; Rousseaux, régisseur; Barré, secrétaire; Parisot, secrétaire souffleur.

Acteurs. — MM. Henry, Laporte, Chapelle, Hyppolite, Édouard, Saint-Léger, Joly, Guénée, Fontenay, Isambert, Philippe, Gontier, Laporte fils, Perrin.

Mesdames Hervey, Sara-Lescot, Bodin, Minette, Arsène, Betzy, Rivière, Saint-Aulère, Lucie, Pauline Geoffroy, Perrin.

ORCHESTRE.

Orchestre. — MM. Doche, Michel, chefs.
Violons. — MM. Laurent (et harpiste), Cornu, Beaucourt, Roland, Laparade, Lebrun, Chapelle, Totti, Gand.

Altos. — MM. Huguet, Bodin.
Violoncelles. — MM. Planterre, Auboin, Coulier.
Hautbois. — M. Ézard.
Contre-Basses. — MM. Cochu, Desmarets.
Flûte. — M. Legendre.
Clarinette. — M. Leriche.
Cors. — MM. Herveau, Auger.
Bassons. — MM. Winnen, Legros.
M. Petit, machiniste.
M. Lemaire, décorateur.

THÉATRE DES VARIÉTÉS.

Administration. — MM. Crétu, Brunet, Amiel, Desprez, Mlle. Montansier, directeurs.

MM. Derville, contrôleur général; Duval, secrétaire général; S. Crétu, caissier; Bouguot, souffleur; Morel, inspecteur; F. Morel, préposé aux locations.

Acteurs. — MM. Brunet, Tiercelin, Dubois, Bosquier, Duval, Aubertin, Cazot, Potier, Lefebvre, Blondin, Fleury, Odry, Vernet, Becquet, Legrand, Léonard.

Mesdames Baroyer, Mengozzi, Cuisot, Pauline, Gontier-Gavaudan, Vautrin, Aldégonde, Letellier, Piquot, Adèle, Flore Corvée, L'Hérondel, Latour.

ORCHESTRE.

Orchestre. — M. Gilbert, chef.
Violons. — MM. Lefebvre, Dupierge, Cardebar, Tourina, Chomey, Delzenne, Duvernoy, Compant, Fénéaux, Robiquet.

Basses. — MM. Minet, Denizot, Valin.
Contre-basses. — MM. André, Krempel.
Quintes. — MM. Barboteau, Michel.
Cors. — MM. Simrock, Ivard.
Clarinettes. — MM. Conrad, Gallet.
Flûte. — Rhein.
Basson. — Simonnet.
Trombonne. — André.
Compositeur. — Darondeau.
Accordeur. — Blanchet.
M. Peget, machiniste.

THEATRE DE LA GAIETÉ.

Administration. — Madame veuve Nicollet, propriétaire directrice, MM. Dubois, directeur; Marty, régisseur; Amphoux, souffleur.

Acteurs. — MM. Marty, Lafargue, Ferdinand, Dumesnis, Basnage, Darcourt, Genest, Édouard, Reynaud, Victor, Bignon, Héret, Lequien, Grévin.

Mesdames Rouzé-Bourgeois, Millot, Émilie Hugens, Clément, Bussy, Adolphe, Adèle Dupuis.

Danse. — M. Hullin, maître des ballets.

Premiers danseurs. — MM. Renauzzy, Hoguet, B. Hullin.

Mesdames Prudent, Aurore Cloteaux, V. Hullin.
Quatorze figurans.

ORCHESTRE.

Orchestre. — M. D'Haussy, chef.

Violons. — MM. Bigot, Verdure, Préfontaine, Coudère, Regnault, Rochefort, Guérin.

Basses. — MM. Méry, Jacob aîné.
Contre-basses. — MM. Levasseur, Jacob jeune.
Quintes. — MM. Delofre, Martini.
Clarinettes — MM. Basin, Buteux.
Flûte. — M. Miller.
Cors. — MM. Lardant, Herz.
Basson. — M. Lemoine.
Trombonne. — M. Clément.
Timbalier. — M. Dalmon.

EMPLOYÉS.

MM. Johannis, Desfontaines, peintres.
M. Camus, machiniste.
M. Simon, tailleur.

THEATRE DE L'AMBIGU-COMIQUE.

Administration. — MM. Audinot, propriétaire de la salle et du privilége, directeur; Varez, régisseur général; Cribélier, souffleur; Lavoncourt, secrétaire.

Acteurs. — MM. Raffile, Stokleit, Millot, Frénoy, Debray, Christmann, Barthélemy, Klein, Stokleit fils, Boisselet, Villeneuve, Adolphe.

Mesdames Lévesque, Thiéry, Leroy, Frénoy, Palmyre Lévesque, Éléonore, Meunier.

Danse. — M. Millot, maître de ballets.
Premiers danseurs. — MM. Millot, Vincent, Thiéry.
Mesdames Lolotte, Fressinet, Éliza.

Dix-huit figurans.

ORCHESTRE.

Orchestre. — M. Quaisain, chef.

Violons. — Jules, Tourin, Poulain, Battu, Jouet, Langlois, Louis, Dufau.

Altos. — MM. Sainte-Marie, Millot.

Basses. — MM. Renat, père et fils.

Contre-basses. — MM. Miscot, Poncher.

Flûtes. — MM. Duval, Couronneau.

Clarinettes. — MM. Turgis, Poulain fils.

Bassons. — MM. Dossion, Fougasse.

Cors. — MM. Gauthier, Frédéric.

Timballier. — M. Millot, fils.

M. Mandé-Daguerre, décorateur.

M. Portet, tailleur-costumier.

M. Lacron, contrôleur.

M. Jutty, machiniste.

THEATRE DE LA PORTE SAINT-MARTIN.

Administration. — MM. Saint-Romain, directeur; Frédéric, régisseur général; Armand, Martin, régisseurs; de Rudder, caissier; Auguste, secrétaire; Loignon, souffleur.

Acteurs. — MM. Philippe, Pascal, Dufresne, Pierson, Émile, Bayle, Livaros, Hypolite, Moëssard, Dugy, Lancelin, Paulin, Croisette, Beaudot, Vissot, Lamy, Lafitte.

Mesdames Saint-Romain, Grasseau, Jenny-Vertpré, Vanhóve aînée, Florval, Dauteuil, Mariany, Jenny Clairville, Saint-Amand, Marinette.

MM. Blache, Rhénou, maîtres des ballets.

Danseurs. — MM. Petit, Chéranson, Labottière et Châtillon.

Mesdames Pierson, Alim Dorié, Pivert, Juliette, Zélie Molard.

Viennent ensuite douze figurans, quatorze figurantes, et treize enfans.

ORCHESTRE.

Orchestre. — M. Alexandre Piccini, chef.

Premiers violons. — MM. Chautagne, Henri, Ertz, Mémignot, Larochelle, Tréchard.

Seconds. — MM. Mérillon, Ory, Dubois, Adenet.

Altos. — MM. Fauvel, Poulain.

Violoncelles. — MM. Lorenzetti, Manuel, Rogat.

Contre-basses. — MM. Michu, Duchaume.

Flûte. — M. Canny.

Hautbois. — M. Brod.

Clarinette. — M. Verman.

Cors. — MM. Jacquemin, Frédéric.

Trompette. — M. Paradol.

Trombonne. — M. Pavard.

Timballier. — M. Auson.

Bassons. — MM. Adam, Levallois.

Répétiteurs. — M. Chautagne, mélodrame et pantomime; M. Paradol, vaudeville et ballet.

M. Poullet, machiniste.

Treize personnes attachées au service du théâtre.

M. Daubigny, inspecteur général.

Trente personnes attachées au service de la salle.

M. Alaux, peintre décorateur.

CIRQUE OLYMPIQUE.

Messieurs Franconi, directeurs.

Acteurs et danseurs. — MM. Franconi aîné, Franconi jeune, Franconi fils, Melcour, Bithemer, Bessin, Naille, Bonissant, Chap, Alain, Delahaye, Dutheil, Ferrier, Victor, Lagoutte, Massin, Amable, Charles, Jacquinet, Méraute.

Actrices et danseuses. — Mesdames Franconi, Tiger, Lamarre, Chauroux, Dominique, Julie.

Nota. La troupe de MM. Franconi est une de celles qui montrent le plus de zèle. Les deux frères et leur famille font des prodiges; mais nous devons aussi un tribut d'éloges aux animaux intelligens qui les secondent dans leurs travaux. *Régent* vient en tête : c'est un cheval anglais qu'on n'avait pu dresser à Londres; M. Franconi l'a monté après un mois de leçons.

Le *Glorieux* paraît ensuite, et il ne fait pas des choses moins merveilleuses que *Régent*.

Le *Gastronome*, dont le nom indique la science, est un acteur de fraîche date.

Le *Petit paillasse* est un limousin réservé pour les *farces*, et qui s'en acquitte à merveille.

Le *cerf Coco* ne doit point être oublié. C'est un des ornemens du Cirque. Il fait mille tours étonnans; le saut du tremplin n'est pour lui que bagatelle; il passe dans les flammes, charge contre un pistolet, et sa nature timide et craintive est devenue intrépide et guerrière.

Il serait trop long de détailler les qualités de tous ces

7

acteurs quadrupèdes : qu'il suffise de savoir que jamais troupe ne fut plus docile, ne sut mieux ses rôles, ne receuillit plus d'applaudissemens.

Les chevaux de MM. Franconi ont été depuis quelques années souvent mis en réquisition pour l'Opéra. Ils se sont fort bien tirés des danses et des cérémonies.

Les Italiens avaient eu depuis long-temps des chevaux véritables sur leur théâtre, dans les ballets; mais ils les serraient les uns contre les autres, et les tenaient comme dans des étaux.

M. de Sourdeac, ancien directeur de l'Opéra français, avait essayé d'y faire paraître les coursiers d'*Apollon* et le cheval ailé du Parnasse. Dans l'*Andromède* de Th. Corneille, donné en 1650, on vit le beau Persée, monté sur sa divine monture, apparaître sur les rocs arides pour délivrer la fille de Cassiopée, qui avait osé disputer le prix de la beauté à Junon.

Mais cet essai n'eut pas de suite, et l'on n'a vu que de nos jours des brigades entières galoper sur les planches, se croiser, se combattre, et faire mille évolutions avec autant de précision que d'audace.

THÉATRES DES DÉPARTEMENS.

TROUPES SÉDENTAIRES.

THÉATRE DE LILLE.

OPÉRA, COMÉDIE.

M. Futy-Branchu, directeur.

MM.

Saint-Victor. — Premiers rôles jeunes dans la comédie.

Richebourg. — Première haute-contre, Elleviou dans l'opéra.

Gaspard. — Première haute-contre, Philippe dans l'opéra, et premier rôle marqué dans la comédie.

Cobourg. — Deuxième haute-contre, Colins dans l'opéra, et jeune premier dans la comédie.

Granger. — Seigneurs et Granger dans l'opéra, et amoureux dans la comédie.

Faget. — Martin et Laïs dans l'opéra.

Delaunay. — Première basse-taille dans l'opéra, et père noble dans la comédie.

Laviale. — Première et forte deuxième basse-taille dans l'opéra, et financiers dans la comédie.

Gondouin. — Deuxième et troisième basse-taille dans l'opéra, et seconds pères dans la comédie.

Saint-Preux. — Trial, Laruette et Juliet dans l'opéra, et Poisson niais dans la comédie.

Fabien. — Laruette et Dozainville dans l'opéra, et premier comique dans la comédie.

Brochard, régisseur. — Comique dans l'opéra, et second comique dans la comédie.

Furville. — Grandes utilités dans l'opéra, et troisièmes rôles, utilités dans la comédie.

Julien. — Secrétaire, copiste et bibliothécaire.

Mesdames :

Richebourg. — Première chanteuse sans roulades, mère Dugazon dans l'opéra, premiers rôles dans la comédie.

Julien. — Première chanteuse avec roulades dans l'opéra.

Granger. — Première Dugazon, Saint-Aubin dans l'opéra, et soubrette dans la comédie.

Boyer. — Deuxième Dugazon, Corset dans l'opéra, et ingénuités dans la comédie.

Desmazures. — Deuxième et troisième Dugazon, chanteuse dans l'opéra, et troisième amoureuse dans la comédie.

Saint-Aubin. — Première duègne et mère Dugazon dans l'opéra, mère noble dans la comédie.

Lacaille. — Deuxième duègne, Margot dans l'opéra ; et caractères dans la comédie.

Comberg. — Souffleuse.

THÉATRE DE CALAIS.

M. Lemetheyer, directeur.

MM.

Barbaret. — Premières hautes-contre.

Blin. — Jeunes hautes-contre.

Grandville. — Philippe.
Lemetheyr. — Gavaudan.
Tanquerelle. — Premières nobles basses-tailles.
Pavier. — Premières basses-tailles comiques, tabliers.
Plante. — Comiques, Trial, Laruette.
Montoy. — Deuxième comique, Moreau.
Saint-Clair. — Grandes utilités.

Mesdames,

Saint-James. — Première cantatrice.
Rosine Lequien. — Deuxième cantatrice, jeunes mères.
Voyez. — Jeune Saint-Aubin-Gavaudan.
Pauline Lequien. — Deuxième jeune Saint-Aubin-Gavaudan.
Brochard. — Premières duègnes.
Pavier. — Deuxièmes duègnes.
M. Schmitt, chef d'orchestre.

THÉATRE DE ROUEN.

PREMIÈRE TROUPE. — COMÉDIE.

M. Corréard, directeur.

MM.

Granger. — Premiers rôles.
Bouchez. — Jeune premier.
Bonnety. — Deuxième amoureux.
Lamareil. — Père noble.
Guyaud. — Financier.
Samson. — Premier comique.
Richard. — Second comique.
Cauvin. — Grandes utilités.

Mesdames,
Miller. — Premiers rôles.
Boisnet. — Jeune première.
Langlade. — Secondes amoureuses.
Prestat. — Troisièmes amoureuses.
Fabre. — Soubrettes.
Guyaud. — Secondes soubrettes.
Duversin. — Mères nobles et caractères.
Granger, nièce. — Utilités.

OPÉRA.

MM.
Ponchard, jeune. — Elleviou, haute-contre.
Bruillon. — Second Elleviou, Michu.
Welsch. — Martin.
Darius. — Basse-taille, Laïs.
Lavillette. — Basse-taille, comique.
Bié. — Laruette et Juliet.
Granger, neveu. — Trial.
Desruisseaux. — Utilités.

Mesdames,
Berteaux. — Première chanteuse.
Ponchard. — Philis.
Louise Mutée. — Première Dugazon.
Prestat, cadette. — Seconde Dugazon.
Dorsan. — Mères nobles et caricatures.
Belcourt. — Duègne.
Granger, nièce. — Utilités.
Dix-sept choristes.
M. Aubin, chef d'orchestre.
M. Belmont, souffleur.
M. Allaux, peintre-décorateur.

SECONDE TROUPE. — OPÉRA.

M. Gouget, régisseur et caissier.

MM.

Saint-Charles. — Elleviou, première haute-contre.
Mesplon. — Seconde haute-contre, Michu.
Saint-Léon. — Première basse-taille.
Margaillan. — Basse-taille, comique.
Lauriol. — Trial, Laruette, Juliet.
Gervais. — Martin, Laïs, Solié.
Noyrigat. — Seconde basse-taille.
Fradin. — Utilités.
Gouget. — Trial.

Mesdames,

Primo. — Première chanteuse.
Saint-Albin. — Dugazon.
Noirigat. — Philis.
Dengis. — Mères nobles, et mère Dugazon.
Duval. — Jeune Dugazon.
Kubly. — Duègnes et caricatures.
Gouget. — Utilités et accessoires.
Prestat, aînée. — Idem.
M. Chevalier, souffleur.
M. . . . . . . chef d'orchestre.

Nota. Le directeur du théâtre de Rouen vient d'être chargé du service des théâtres du Havre, de Dieppe, d'Elbœuf, de Louviers et d'Évreux.

THÉATRE DE VERSAILLES.

C. Robillon, directeur.
M. Lorillard, régisseur.

MM.

Bousigue, jeune. — Dans l'opéra, première haute-contre, Ellevion; premier jeune rôle dans la comédie.

Vidy. — Dans l'opéra, les premières hautes-contre, Philippe et Gavaudan; premiers rôles dans la comédie.

Bazin. — Dans l'opéra, les deuxièmes hautes-contre; jeunes premiers dans la comédie.

Clément. — Dans l'opéra, les premières basses-tailles comiques et les Juliet; financiers et paysans dans la comédie.

Guignot (James). — Dans l'opéra, les jeunes basses-tailles; des rôles de convenance dans la comédie.

Léon. — Martin dans l'opéra.

Gabriel. — Dans l'opéra, les deuxièmes basses-tailles; premier comique dans la comédie.

Signol. — Dans l'opéra, les Trial; deuxième comique dans la comédie; Potier et Brunet, dans les vaudevilles.

Lepeintre. — Dans l'opéra, les Laruette; pères nobles et raisonneurs dans la comédie.

Châteaufort. — Dans l'opéra, les troisièmes hautes-contre; troisième amoureux dans la comédie; les utilités.

Fisanne. — Dans l'opéra, des coryphées; et des accessoires dans la comédie.

Mesdames,

Julliette. — Dans l'opéra, première chanteuse sans roulades, et jeunes mères Dugazon; premiers rôles dans la comédie.

Certain. — Premières chanteuses à roulades, et Philis.

Pierson. — Dans l'opéra, les premières jeunes Dugazon, Saint-Aubin, Gavaudan; jeune première dans la comédie.

Anaïde (Eugénie).—Dans l'opéra, deuxième Dugazon; Betzy et rôles travestis, jeunes soubrettes dans la comédie.

Liez.—Dans l'opéra les premières duègnes, caractères dans la comédie.

Bouzigue. — Dans l'opéra les deuxième duègnes; premières soubrettes dans la comédie.

Beaupré (Rose). — Dans l'opéra les troisièmes chanteuses, ingénuités et jeunes premières dans la comédie.

Dorsan. — Grandes utilités dans l'opéra et la comédie.

Augustine Lepeintre, Caroline Dorsan, rôles d'enfans.

Dix choristes.

M. Hendier, chef d'orchestre.

M. Ducorps, sous-chef.

Seize musiciens.

M. Lincel, souffleur.

M. Maurice, machiniste.

THÉATRE DE BREST.

OPÉRA, COMÉDIE.

Administration en société.

M. Ferville, chef dirigeant.

MM.

Charles. — Elleviou dans l'opéra, et amoureux dans la comédie.

Éloi. — Deuxième haute-contre, Colins dans l'opéra, et jeunes premiers dans la comédie.

Saint-Edme. — Martin, Laïs, dans l'opéra, et comiques dans la comédie.

Routon. — Première basse-taille dans l'opéra.

Hérault. — Laruette, Juliet dans l'opéra, et financiers dans la comédie.

Petit. — Philippe, Gavaudan dans l'opéra.

Louis. — Deuxième basse-taille dans l'opéra, et rôles de convenance dans la comédie.

Astruc. — Trial dans l'opéra, et comiques et niais dans la comédie.

Chevalier, régisseur. — Deuxième basse-taille dans l'opéra, et utilités dans la comédie.

Mesdames :

Ferville.—Premières Dugazon, mères chanteuses dans l'opéra, et premières amoureuses dans la comédie.

Saint-Edme. — Dugazon, deuxième chanteuse dans l'opéra, et amoureuses dans la comédie.

Hérault. — Rôles de convenance dans l'opéra, et soubrettes dans la comédie.

Petit. — Premières chanteuses à roulades dans l'opéra.

Astruc.— Mères nobles dans l'opéra, et premiers rôles dans la comédie.

Déjazet. — Dugazon, Corset dans l'opéra, et amoureuses dans la comédie.

Dancourt. — Duègnes et mères dans l'opéra, et caractères dans la comédie.

M. Sanières, maître de musique.

M. Célicour, souffleur.

THÉATRE DE NANTES.

COMÉDIE ET TRAGÉDIE.

Administration en société.

MM. Brice, chef dirigeant, chargé de la partie de

l'opéra; Saint-Franc, chargé de la partie de la comédie; Chapus, caissier, chargé de la location des loges et des abonnemens; Julien, inspecteur; Vidal, régisseur.

MM.

Périer (Alphonse). — Premiers rôles.
Poirier. — Jeunes premiers.
Saint-Franc. — Pères nobles.
Ruelle. — Financiers.
Masson. — Raisonneurs et grands troisièmes rôles.
Pons. — Seconds amoureux.
Armand. — Premiers comiques.
Floricourt. — Seconds comiques.
Saint-Martin. — Seconds pères et grandes utilités.
Lemoule. — Utilités, et rôles de convenance.
Louis et Leraistre, annonces.

Mesdames,

Chapus. — Premiers rôles.
Tigé. — Jeunes premières et ingénuités.
Masson et Thibault jeune. — Secondes amoureuses.
Debussac. — Caractères.
Dorsan. — Soubrettes.
Bredelle et Piffault. — Utilités.

TROUPE D'OPÉRA.

MM.

Édouard Laffitte. — Première haute-contre, Elleviou.
Brice. — Martin en tout genre.
Pons. — Secondes hautes-contre, et Colins.
Masson. — Philippe et Gavaudan.
Dupuis. — Premières basses-tailles.
Lechevalier. — Secondes basses-tailles, tabliers et Juliet.

Saint-Martin. — Laruette, et rôles de convenance.
Floricourt. — Trial, Laruette et Juliet.
Lemoule. — Grandes utilités.
Trevoux et Louis. — Annonces.

Mesdames,
Thibault. — Premières chanteuses dans le grand opéra, rôles à roulades, Philis et fortes; premières chanteuses dans l'opéra comique.
Bossand. — Première Dugazon, Gavaudan, Saint-Aubin, rôles travestis.
Saint-Laurent. — Dugazon, Corset, Saint-Aubin, rôles travestis.
Masson. — Secondes chanteuses.
Durosé. — Jeunes rôles de convenance.
Debussac. — Duègnes.
Bayer. — Mères Dugazon.
Bredelle et Piffault. — Utilités.

M. Demonchy, maître de musique.
M. Hostié, second maître de musique.
MM. Leraistre et Calcina, régisseurs.
M. Rivière, peintre décorateur.
M. Thissat, machiniste.

THÉATRES DE BORDEAUX.
GRAND THÉATRE.
COMÉDIE ET OPÉRA.

M. Cortay-Bojolay, directeur.
MM. Colson et Constaut, régisseurs.

MM.

Charles Ricquier. — Premiers rôles.
Menjaud. — Jeunes premiers.
Colson. — Pères nobles.
Leclerc aîné. — Troisièmes rôles, rois, pères nobles.
Desforges. — Financiers, manteaux; Juliet, Laruette.
Constant (Auguste.) — Les premiers comiques.
Buée. — Les pères nobles, raisonneurs.
Delos (Narcisse.) — Deuxièmes et troisièmes amoureux, Colins.
Frédéric Henri. — Trial, seconds comiques.
Sainti. — Trial, comiques, caricatures.
Saint-Aulaire. — Grandes utilités.
Campenant. — Première haute-contre.
Suleau. — Philippe, première haute-contre.
Vigny — Martin, haute-contre.
Eugène. — Première basse-taille.
Leclerc jeune. — Deuxième basse-taille, et première.
Luville, fils, sous-régisseur. — Utilités.

Mesdames,

Ricquier. — Premiers rôles.
Virginie Legrand. — Jeunes premières.
Decroix. — Duègnes, caractères.
Laborie. — Mères nobles, confidentes.
Suzanne Ladrée. — Soubrettes.
Rosalie Suleau. — Secondes amoureuses.
Lemesle. — Première chanteuse.
Folleville. — Première chanteuse à roulades.
Vigny. — Première chanteuse, rôles à baguette.
Simonnet. — Betzi, Gavaudan, Saint-Aubin.

Désirée Dubuisson. — Troisièmes amoureuses, jeunes Belzi.

M. Armand, souffleur.

BALLET.

MM.

Blache. — Maître de ballets.
Lachouque et Barrez. — Premier danseur.
Delalande. — Premier et second danseur.
Robillon. — Premier danseur comique.
Dutacq. — Danseur mime, caricatures.
Charles Mazurier. — Second danseur comique.
Bertrand Benoni et Geniez Jeanti. — Troisième danseur.

Mesdames,
Agathe Martin, Élisa Constant. — Première danseuse.
Coustou. — Première danseuse, rôles à baguette.
Adèle Louis et Cheza. — Première et seconde danseuse.
Pauline Rossignol, Zélia Florence et Romain. — Troisième danseuse.

M. Lambert, maître de musique.
M. Olivier, peintre-décorateur.
M. Dauzatz, machiniste en chef.

THÉATRE DE LA GAIETÉ.

VAUDEVILLES, VARIÉTÉS ET MÉLODRAMES.

M. Usannaz (Antoine), régisseur.

MM.

Clermont. — Premiers rôles.
Camiade. — Premiers amoureux.

Saint-Félix. — Premiers et seconds amoureux.
Louis Chéri. — Deuxièmes et troisièmes amoureux.
Lepeintre, jeune. — Pères nobles.
Fournier. — Seconds rôles, tyrans.
Hippolyte Roland. — Seconds et troisièmes rôles, tyrans.
Lepeintre, aîné. — Premiers comiques, financiers, caricatures.
Francisque. — Comiques, financiers, paysans.
Achille Ricquier. — Seconds comiques.
Liez. — Seconds comiques, Brunet.
Duchaumont. — Utilités et chœurs.

Mesdames,
Linville, femme Lepeintre. — Premiers rôles.
Saint-Amant et Élisa Jacops. — Premières amoureuses.
Rosalie Munaut. — Les amoureuses, les soubrettes.
Jenny Geniez. — Les amoureuses, les travestissemens.
Virginie Picard. — Les amoureuses, les soubrettes.
Bernard. — Duègnes et mères nobles.
Cochèze. — Duègnes et margots.
Gasse. — Mères nobles.
Roland. — Utilités.

M. Ducoudray, souffleur.
M. Fumery, maître de musique.
M. Dutacq, professeur, maître de ballets.
M. Michel, machiniste.

THÉATRE DE TOULOUSE.

COMÉDIE, OPÉRA.

M. Loubens, directeur.

MM.

Ponteil. — Premiers rôles dans la comédie.

Ples... — Père noble dans la comédie.

Duval. — Financiers, grimes, paysans, dans la comédie.

Louis. — Troisièmes rôles dans la comédie.

Berthaud. — Premier comique dans la comédie.

Granger. — Jeune premier dans la comédie.

Fragneau. — Second comique dans la comédie.

Chevalier. — Second comique dans la comédie ; Potier, dans le vaudeville.

Briden. — Elleviou, dans l'opéra.

Joly. — Première haute-contre, Philippe, Gavaudan dans l'opéra.

N....... — Basse-taille, Martin, Solié, dans l'opéra.

Fusier. — Première basse-taille, dans l'opéra.

Fargueil — Deuxième basse-taille, Juliet, dans l'opéra.

Mesdames,

Valroi. — Rôles d'expression dans le grand opéra.

Becquet. — Jeune chanteuse à roulades.

Blonval. — Duègne, mère Dugazon dans l'opéra.

Duval. — Des caractères et soubrettes dans la comédie.

Louis. — Les jeunes premières dans la comédie.

Granger. — Philis, Dugazon, Saint-Aubin dans l'opéra.

Milor. — Reines et mères nobles dans la comédie.

Julienne.—Soubrettes et confidentes dans la comédie.

Briden. — Premiers rôles, fortes jeunes premières dans la comédie.

Seguenot. — Caractères dans la comédie; duègnes dans l'opéra.

Scholastique.—Troisième amoureuse dans la comédie; seconde et troisième amoureuse dans l'opéra.

Eugénie Morin. — Troisième amoureuse dans la comédie; les coryphées dans l'opéra.

Quinze choristes.

BALLET.

MM.

Jacquinet. — Maître de ballets, et second premier danseur.

N...... — Premier danseur.

Mesdemoiselles, Masreliez aînée, et Blanchemaison. — Premières danseuses.

Dix-neuf figurans.

MM. Vaillant et Dutour, maîtres de musique.

M. Muret, souffleur.

THÉATRE DE PERPIGNAN.

OPÉRA, COMÉDIE.

M. Pie Duruissel, directeur.

MM.

Châtelain. —Première haute-contre dans l'opéra; premiers rôles, et jeune premier dans la comédie.

Noël.—Première et seconde haute-contre dans l'opéra; jeune premier dans la comédie.

Beurton. — Première basse-taille, et tabliers dans l'opéra; seconds financiers et troisièmes rôles, dans la comédie.

Pie Duruissel. — Philippe, rôles de convenance dans l'opéra; père noble et premiers rôles dans la comédie.

Dominique. — Martin, Laïs, Solié, dans l'opéra; premier comique et Poisson, dans la comédie.

Lapointe. — Trial, Laruette, Juliet, dans l'opéra; premier comique, et second en tous genres.

Duflot. — Rôles de convenance, dans l'opéra; premier financier dans la comédie.

Mesdames,

Louise Lawal. — Première chanteuse en tout genre.

Aimée Huard. — Dugazon, Philis, Saint-Aubin, dans l'opéra; jeune première dans la comédie.

Francville. — Deuxième chanteuse, et première au besoin; secondes amoureuses et ingénuités dans la comédie.

Beurton. — Duègnes, margot et grime, dans l'opéra; caractères dans la comédie.

Pie Duruissel. — Rôles non chantans dans l'opéra; premiers rôles, mères nobles et caractères brillans, dans la comédie.

Lapointe. — Convenances dans l'opéra; soubrettes dans la comédie.

M. Ozy, régisseur.

M. Artus, chef d'orchestre.

M. Ménard, souffleur.

M. Lacroix, magazinier.

THÉATRE DE MONTPELLIER.

PREMIÈRE TROUPE. — COMÉDIE, OPÉRA.

M. Joseph Fleury, directeur.

MM.

Souvray. — Premiers rôles dans la comédie.

Pecrus. — Jeune premier dans la comédie.

Valmore. — Pères nobles dans la comédie.

Sabatier. — Premier comique dans la comédie.

Cifolelly. — Financiers, grimes, paysans dans la comédie; Laruette, Juliet dans l'opéra.

Fleury. — Tabliers et première basse-taille dans l'opéra.

Delacroix. — Troisièmes rôles, et raisonneurs, dans la comédie.

Maillard. — Seconds comiques dans la comédie; Trial et niais dans l'opéra.

Chapiseau. — Seconds amoureux, confidens dans la comédie; seconde haute-contre dans l'opéra.

Gagnon. — Troisièmes amoureux, confidens dans la comédie; seconde basse-taille dans l'opéra.

N...... — Seconds pères, confidens dans la comédie; seconde basse-taille dans l'opéra.

Laperrière. — Grand raisonneur dans la comédie.

Mesdames,

Sophie Léon. — Premiers rôles dans la comédie.

Maillard. — Jeunes premières dans la comédie.

Sabatier. — Première soubrette dans la comédie.

Emmanuel. — Jeune première et seconde amoureuse, dans la comédie; seconde chanteuse dans l'opéra.

Kuntz. — Première et seconde soubrette dans la comédie ; Saint-Aubin, Dugazon, dans l'opéra.

Rivière. — Caractères et grimes dans la comédie ; duègnes dans l'opéra.

Stéphany. — Second caractère dans la comédie ; seconde duègne dans l'opéra.

Cifolely. — Ingénuités dans la comédie ; Betzy dans l'opéra.

Thimer. — Troisième soubrette dans la comédie.

Lestage. — Seconde et troisième chanteuse dans l'opéra.

M. Durand, souffleur.

SECONDE TROUPE. — OPÉRA.

MM.

Gaspard. — Première haute-contre, Philippe et Gavaudan.

Constant. — Seconde haute-contre.

Lefevre. — Troisième haute-contre et utilités.

Gonthier. — Première basse-taille.

Auguste Varrin. — Jeune basse-taille, Martin, Solié, Laïs.

Petitain. — Laruette et utilités.

Alphonse. — Accessoires.

Mesdames,

Cardinal. — Première chanteuse.

Jaume. — Seconde et troisième chanteuse.

Constant. — Dugazon et Philis.

Deroche mère, et Deroche fille, chanteuses de chœurs.

M. Delacroix fils, souffleur.

M. Davril, maître de musique.

Nota. Le directeur envoie quelquefois des dédoublemens de sa troupe jouer à Cette.

THÉATRE DE MARSEILLE.

Grand opéra, opéra-comique et comédie.

M. Armand Verteuil, directeur.
M. Langle, régisseur général.
M. Dumontet, second régisseur.

MM.

Dérubelle. — Laïs, Nourrit, Martin, dans l'opéra.

Thénard. — Ellevion, Gavaudan, dans l'opéra, et rôles analogues dans la comédie.

Valembert. — Jeune premier, haute-contre, dits emplois de Paul et Michu, dans l'opéra, et rôles analogues dans la comédie.

N....... — Colins dans l'opéra, et jeune premier dans la comédie.

Darcoust. — Philippe, les seigneurs dans l'opéra, et rôles analogues dans la comédie.

Bernard. — Dérivis, Chenard, première basse-taille noble dans l'opéra, et premiers rôles dans la comédie.

Désormaux. — Première basse-taille, comique dans l'opéra, et premier comique dans la comédie.

Lacouture. — Première basse-taille doublante, jouant les fortes deuxièmes dans l'opéra, et les pères dans la comédie.

Servier. — Grand coryphée, deuxième basse-taille dans l'opéra, premier et deuxième comique dans la comédie.

Lejeune. — Juliet et Lesage, dans l'opéra, et les pères et utilités dans la comédie.

Saint-Albin. — Trial, Moreau, dans l'opéra; niais, deuxième comique dans la comédie.

Mar. Poligni. — Les basses-tailles dans l'opéra.

Dumontet. — Grandes utilités dans l'opéra, et les troisièmes rôles dans la comédie.

Alphonse. — Troisième haute-contre et coryphée dans l'opéra, et troisième amoureux dans la comédie.

Baubet. — Coriphée, forts accessoires dans l'opéra, et rôles analogues dans la comédie.

Mesdames

Éli. Verteuil. — Dugazon, Crétu, Bellemont, dans l'opéra; premiers rôles et grandes coquettes dans la comédie.

Meyssin. — Premiers rôles dans le grand opéra; premières amoureuses dans l'opéra-comique, et rôles analogues dans la comédie.

Marido. — Jeunes premières dans le grand opéra, Regnault et Duret, dits rôles à roulades.

Édouard. — Philis, Boulanger, Gavaudan, dans l'opéra, et rôles analogues dans la comédie.

Madinier. — Saint-Albin, jeunes Dugazon, et rôles travestis dans l'opéra.

Berville. — Doublante dans tous les emplois ci-dessus.

Laforgue. — Première coryphée récitante, jeunes secondes amoureuses dans l'opéra, et mêmes emplois dans la comédie.

Désormeaux. — Première duègne, comique, fermière, et rôles de caractères dans la comédie.

Grassan-Petipa. — Jeunes premières amoureuses dans la comédie.

Mandelli. — Mères, Dugazon, dans l'opéra, et premières soubrettes dans la comédie.

Margery. — Deuxième amoureuse dans l'opéra, et troisième amoureuse dans la comédie.

Cl. Courriez. — Jeunes rôles dans l'opéra, jeunes amoureuses et rôles analogues dans la comédie.

Chœurs.

MM.

Carvin, Alphonse, Andiol, Flandin père, Castelin, Villecrose, Martin, Louis Baudet, Bourgue, Petavin, Pique, Barbet.

Mesdames

Margery, Ducoudrai, Dagenois, Courriez fille, coryphées; Jeanne Ancellon, Blanche-Sujet, Courriez mère, Madinier mère, Pauline Saint-Aman, Priva, Jenny Blinval, Rose Rosambert.

Ballet.

M. Petipa, maître des ballets, directeur-professeur de l'école de danse.

M. Gilbert, second maître des ballets.

MM.

Petipa. — Premier danseur en tous genres.

Aniel. — Premier danseur sérieux.

Castillon. — Premier danseur, demi-caractère.

Gilbert. — Premier danseur comique.

Bautin. — Deuxième danseur.

Chéza. — Deuxième danseur comique.

Flandin. — Deuxième danseur coryphée.

Bouche. — Deuxième danseur, niais, caricature ; second maître de l'école de danse.

Dumontet. — Rôles de caractère.
Darcourt. — Rôles de caractère.

Mesdames
Leseur. — Première danseuse en tous genres.
Blondin cadette. — Première danseuse, *idem*.
Blondin aînée. — Première danseuse, *idem*.
Jenny Lainez. — Première danseuse, *idem*.
Élisa Goujec. — Deuxième danseuse, coryphée.
Élisa Guillermin. — Les amours.

Orchestre.

M. Dreuilh, chef, maître de musique, compositeur.
M. Lemère, deuxième maître de musique.
M. Rey, premier violon (chargé des solos).

Nota. Le directeur a récemment réuni à son entreprise les théâtres d'Aix et de Toulon.

THÉATRES DE LYON.

GRAND THÉATRE.

Grand opéra et opéra comique.

M. Charassou, directeur.

MM.
Boucher. — Premières hautes-contres ; Elleviou.
Prudent. — Jeunes hautes-contres.
Leroux. — Martin.
Eugène. — Premières basses-tailles en tous genres.
Adolphe. — Premières basses-tailles en tous genres, partageant.

Guilleman. — Deuxièmes basses-tailles.
Revel. — Laruette, Trial, Lesage.
Tiste. — Dozainville.

Mesdames

Liger. — Première chanteuse en tous genres.
Mercier. — Première chanteuse, Philis, Rolandeau.
Brosse. — Dugazon, soubrettes.
Chaubart. — Secondes et troisièmes amoureuses, Betzy.
Chaudier. — Rôles à baguette, duègnes nobles.
Bras. — Duègnes, margots, caricatures.

Ballet.

MM.

Lefevre. — Premier maître des ballets.
Blache. — Maître des ballets.
Bretel. — Premier danseur en tous genres.
Lalande. — Premier danseur noble.
Lasserre. — Second danseur.
Élie. — Troisième danseur.
Esguilant. — Danseur niais, caricatures.

Mesdames

Bretel. — Première danseuse en tous genres.
Dupuis. — Première danseuse, demi-caractères.
Cœlina. — Première danseuse noble.
Lebreton. — Première danseuse, caractères.
Lavancour. — Seconde danseuse.
Beton (Julie). — Troisième danseuse.
Liez. — Grands rôles de reines, mères.
Mimi Dupuy. — Rôles d'amours.

Tragédie et Comédie.

MM.

Chapron. — Grands premiers rôles et pères nobles.
Saint-Elme. — Premiers rôles et forts jeunes premiers.
Mercier et Prudent. — Seconds et troisièmes amoureux.
Dugrenet. — Financiers, grimes et manteaux.
Charles. — Grands raisonneurs, troisièmes rôles.
Tiste. — Premier comique.
Revelle. — Second comique et Poisson.
Martin. — Seconds et troisièmes rôles utilités.

Mesdames

Cosson. — Premiers rôles et reines.
Gorenflot. — Princesses.
Chaubert. — Jeunes premières, ingénuités.
Chapron. — Deuxièmes et troisièmes amoureuses.
Saint-Ange. — Premières soubrettes.
Bras. — Duègnes nobles, caractères.
Chaudier. — Secondes duègnes, caractères.

M. Astrandy, souffleur.
M. Martin, maître de musique.
M. Perlet, peintre-décorateur.
M. Page, machiniste en chef.

THÉATRE DES CÉLESTINS.

M. Solomé, régisseur.

MM.

Guillemin. — Premiers rôles.
Montgobert. — Jeunes premiers.
Bertin. — Brunet.

Honoré. — Potier, Brunet.
Lecordier. — Seconds tyrans.
Guérin. — Pères nobles.
Auzet. — Grandes utilités.

   Mesdames

Camus. — Jeunes premières.
Hugens. — Jeunes premières.
Guillemin. — Jeunes premières.
Pélagie. — Accessoires.
Lebrun. — Accessoires.
Babet Imbert. — Accessoires.
M. Deberle, chef d'orchestre.

THÉATRE DE STRASBOURG.

Tragédie et comédie.

M. Brion, directeur.

   MM.

Raymond. — Jeunes premiers et seconds.
Stocklet. — Jeunes premiers, seconds et troisièmes amoureux.
Lami. — Seconds rôles et troisièmes amoureux.
Bosselet. — Troisièmes rôles, des premiers rôles et des seigneurs.
Duport. — Pères nobles, rois et tyrans.
Laforgue. — Financiers, paysans, etc.
Saint-Alme. — Financiers, paysans, etc.
Morel. — Premier comique.
Hervet. — Second comique.
Michelot. — Accessoires et utilités.

Sujol. — Souffleur.

Cordier. — Régisseur.

Withelin. — Machiniste, chef des gardes.

Mesdames

Grasseau. — Reines et premiers rôles en tous genres.

Georges Weimer (cadette). — Jeunes premières, seconds rôles et premières jeunes.

Fleury. — Mères nobles et confidentes.

Cressent. — Caractères.

Bayer. — Rôles marqués.

Hugot. — Premières et secondes soubrettes, rôles travestis.

Bosselet. — Premières et secondes soubrettes, et deuxième caractères.

Aland. — Amoureuses.

Michelot. — Amoureuses.

Opéra et vaudeville.

MM.

Leroux. — Première haute-contre, les Elleviou, etc.

Raymond. — Seconde haute-contre, les Philippe, etc.

Stockleit. — Deuxième haute-contre, premier au besoin, les Colins, etc.

Lami. — Les Colins et vaudevilles.

Despéramons. — Les Martin, rôles à chant.

Saint-Alme. — Première basse-taille.

Lartique. — Deuxième basse-taille et les premières.

Laforgue. — Les Laruette.

Morel. — Les Laruette, Trial, etc.

Hervet. — Les Trial, etc.

Michelot. — Troisième basse-taille.

Archambaud. — Accessoires et choristes.
Dubus. — Accessoires et choristes.
Villeneuve. — Accessoires et choristes.

Mesdames

Fay. — Première chanteuse en tous genres.
Fleury. — Les Dugazon, rôles travestis.
Michelot. — Deuxièmes chanteuses, les Dugazon.
Bayer. — Mères, Dugazon et duègnes nobles.
Cressent. — Duègnes et Margots.
Withelim. — Deuxièmes duègnes, accessoires et chœurs.
Sophie Martin. — Accessoires et chœurs.
Gibout. — Accessoires et chœurs.
Nina Pierson. — Accessoires et chœurs.
Sainte-James. — Accessoires et chœurs.
Sujol. — Accessoires et chœurs.
Coste fils. — **Maître de musique.**

THÉATRES DES DÉPARTEMENS.

TROUPES AMBULANTES.

PREMIER ARRONDISSEMENT.

DOUAI. DUNKERQUE. VALENCIENNES. CAMBRAY.

M. Henri Joly, directeur.

MM.

Henri Joly. — Première haute-contre en tous genres, Elleviou.

Anslin. — Première haute-contre, Philippe et Gavaudan.

Lecour. — Deuxième haute-contre, Colins.

Pavier. — Première basse-taille en tout genre.

Bergeronneau. — Première et deuxième basse-taille, Juliet, Laruette.

Dumas. — Premier Trial, Laruette, Dozainville.

Magnaire. — Deuxième Trial et utilités.

Mériel. — Pères nobles et grands raisonneurs.

Scheltem. — Grandes utilités.

Mesdames

Defresne. — Première chanteuse en tout genre.

Henri Joly. — Dugazon en tous genres.

Dupuis Gauslin. — Dugazon, Saint-Aubin, rôles travestis.

Demery. — Deuxième chanteuse, rôles de convenance.

Prunet. — Premières duègnes, mères, Dugazon.

Pavier. — Deuxièmes duègnes.

Mériel. — Caractères dans la comédie.
Chevallier. — Utilités.

M. Pichard, souffleur.
M. Moria, chef d'orchestre.

DEUXIÈME ARRONDISSEMENT.

BOULOGNE. SAINT-OMER. SAINT-POL. ARRAS.

PREMIÈRE TROUPE — COMÉDIE, OPÉRA.

M. Martin-Touring, directeur.

MM.

Mansard. — Premiers rôles dans la comédie, et seigneurs dans l'opéra.

Moliny père. — Premiers comiques dans la comédie, et Laruette dans l'opéra.

Moliny fils. — Utilités dans la comédie et dans l'opéra.

Pastelot. — Seconds comiques dans la comédie, et Trial, Brunet dans l'opéra.

Belfort. — Grimes dans la comédie, utilités dans l'opéra.

Amant. — Financiers dans la comédie, et première basse-taille dans l'opéra.

Julien d'Entrement. — Jeunes premiers dans la comédie, et première haute-contre dans l'opéra.

Desorme. — Utilités dans la comédie, premier chanteur dans l'opéra.

Martin-Touring. — Troisièmes rôles dans la comédie, et pères nobles dans l'opéra.

Mesdames :

Moliny. — Premiers rôles dans la comédie, et utilités dans l'opéra.

Moliny (Pauline). — Jeunes premières dans la comédie, et Dugazon dans l'opéra.

Moliny (Adèle). — Soubrettes dans la comédie, et Corset dans l'opéra.

Bellerive. — Ingénuités dans la comédie, et Betzy dans l'opéra.

Martin-Touring. — Caractères dans la comédie, et duègnes dans l'opéra.

M. Bellerive, maître de musique.

SECONDE TROUPE. — OPÉRA-COMIQUE.

MM.

Micalef. — Première basse-taille dans l'opéra, et financiers dans la comédie.

Cassaneuve. — Pères nobles dans l'opéra, et seigneurs dans la comédie.

Stockleit. — Elleviou dans l'opéra, et jeunes premiers dans la comédie.

Jaillot. — Basse-taille dans l'opéra, et financiers dans la comédie.

Lecointre. — Martin dans l'opéra, et troisièmes rôles dans la comédie.

Édouard. — Basse-taille dans l'opéra, et financiers dans la comédie.

Bernardier. — Philippe dans l'opéra, et premiers rôles dans la comédie.

Mesdames :

Vasseur. — Première chanteuse dans l'opéra, et utilités dans la comédie.

Gaspare. — Mère Dugazon dans l'opéra, et duègnes dans la comédie.

Louise Eguer. — Dugazon dans l'opéra, et soubrettes dans la comédie.

Micallef. — Dugazon dans l'opéra, et jeunes premières dans la comédie.

Isabelle Troye. — Betzy dans l'opéra, et ingénuités dans la comédie.

Un souffleur.

Un maître de musique.

Nota. En 1818, Calais fera partie de cet arrondissement.

TROISIÈME ARRONDISSEMENT.

AMIENS, ABBEVILLE, SAINT-QUENTIN.

Opéra.

M. Pitou, directeur.

MM.

Delys. — Première haute-contre, Elleviou marqué.

Lefevre. — Philippe, Gavaudan, Gaveaux.

Colleuille. — Elleviou jeune, deuxième haute-contre, Colins.

Vallonte. — Martin, Lays, Solié.

Chardel. — Première basse-taille, Juliet sur la clef de *fa*.

Kinar. — Deuxième basse-taille.

Munier. — Laruette, Trial, Juliet sur la clef d'*ut*.

Jouanno. — Trial, Lesage, Dozainville.

Malpart. — Troisième basse-taille, accessoires, choriste.

Dubuc. — Accessoires, taille, choriste.

Mesdames

Defresne. — Première chanteuse, Philis, Duret, Regnault.

Lefevre. — Première chanteuse, Dugazon, Scio, Belmont.

Munier. — Saint-Aubin, Dugazon, Corset, soubrettes, Gavaudan.

Collinet. — Deuxième chanteuse, Betzy.

Kinar. — Deuxième et troisième chanteuse.

Saint-Amant. — Première duègne, Dugazon mère.

Kinar. — Première et deuxième duègne, Crétu.

M. Devaux, souffleur.

M. Honnoré, maître de musique.

QUATRIÈME ARRONDISSEMENT.

BEAUVAIS. COMPIÈGNE. LAON. SOISSONS.

OPÉRA ET COMÉDIE.

M. Troy, fils directeur.

MM.

Troy fils. — Première haute-contre, Gavaudan dans l'opéra; premiers rôles dans la comédie.

Alexis. — Seconde haute-contre, Elleviou dans l'opéra; jeune premier dans la comédie.

Josse. — Philippe dans l'opéra; pères nobles dans la comédie.

Aimé. — Martin dans l'opéra.

Legrand. — Juliet dans l'opéra; troisièmes rôles dans la comédie.

Carrette. — Première basse-taille dans l'opéra; financiers dans la comédie.

Antoine. — Trial dans l'opéra; premier comique dans la comédie.

Troy père. — Seconde basse-taille dans l'opéra; utilités dans la comédie.

Victor. — Colins dans l'opéra; troisièmes amoureux dans la comédie.

Michel, maître de musique. — Second comique dans la comédie.

Eugène. — Laruette dans l'opéra; les comiques dans la comédie.

Mesdames,

Borsary. — Première chanteuse dans l'opéra; jeune première dans la comédie.

Jost. — Forte Dugazon dans l'opéra.

Josse. — Mère Dugazon dans l'opéra; premiers rôles dans la comédie.

Antoine. — Jeune Dugazon, Corset dans l'opéra; troisièmes amoureuses dans la comédie.

Eugène. — Seconde chanteuse et duègne dans l'opéra.

Deschamps. — Betzy dans l'opéra; ingénuités dans la comédie.

M. Mouflet, souffleur.

CINQUIÈME ARRONDISSEMENT.

MÉZIÈRES. CHARLEVILLE. SEDAN. BAR-LE-DUC. VERDUN. CHALONS. REIMS.

OPÉRA, COMÉDIE.

M. Brabant et mademoiselle Sophie Defoy, directeurs.

MM.

Lizys. — Elleviou dans l'opéra ; jeunes premiers dans la comédie.

Égée. — Première basse-taille dans l'opéra ; pères nobles dans la comédie.

Legros. — Martin dans l'opéra ; premier comique dans la comédie.

Valcour. — Philippe dans l'opéra ; premiers rôles dans la comédie.

Garbet. — Seconde haute-contre dans l'opéra ; seconds amoureux dans la comédie.

Braban. — Juliet, Laruette dans l'opéra ; financiers dans la comédie.

Firmin. — Trial dans l'opéra ; seconds comiques dans la comédie.

Hipolyte. — Seconde basse-taille. — Troisièmes rôles dans la comédie.

Arelle. — Utilités dans l'opéra et la comédie.

Mesdames,

Lizys. — Première chanteuse dans l'opéra.

Tirepeine. — Première Dugazon dans l'opéra ; jeunes premières dans la comédie.

Legros. — Rôles travestis dans l'opéra ; premiers rôles dans la comédie.

Wagner. — Troisièmes amoureuses dans l'opéra ; soubrettes dans la comédie.

Anaïde. — Seconde Dugazon dans l'opéra ; ingénuités dans la comédie.

Égée. — Première duègne dans l'opéra ; caractères dans la comédie.

Picard. — Mère Dugazon dans l'opéra ; mères nobles dans la comédie.

Firmin. — Seconde duègne dans l'opéra ; seconds caractères dans la comédie.

Arelle — Utilités dans l'opéra et la comédie.

M. Rolandz, maître de musique.

M. Rasseneux, souffleur.

M. Dirwany, magazinier.

SIXIÈME ARRONDISSEMENT.

METZ. NANCY. TOUL. LUNÉVILLE.

Comédie.

M. Jules Ferrand, directeur.

MM.

Thérigny. — Premier rôle en tous genres.

Picard. — Jeune premier et second en tous genres.

Sainty. — Troisième amoureux, et premier dans le vaudeville.

Francisque. — Financiers, grimes, manteaux ; rôles correspondans dans le vaudeville.

Drouin. — Les rois, pères nobles.

Blanvalet. — Troisièmes rôles, raisonneurs.

Mazilly. — Premier comique; rôles correspondans dans le vaudeville.

Leppel. — Deuxième comique; rôles correspondans dans le vaudeville.

Léon. — Deuxième financier, grimes; rôles correspondans dans le vaudeville.

Laffon. — Deuxième père noble, confident; chantant le vaudeville.

Mouchot. — Deuxième et troisième comique; grandes utilités; chantant le vaudeville.

Udry. — Utilités, annonces.

Mesdames

Pelletier. — Les reines; premier rôle marqué.

Metge. — Grande princesse, jeune première, en tout genre.

Léon. — Jeune première, ingénuités, en tous genres.

Fabre aînée. — Première soubrette; rôles de Mad. Hervey dans le vaudeville.

Leppel. — Caractères; confidente; duègne.

Fabre. — Troisième amoureuse en tout genre.

Sainty aînée, Sainty cadette. — Les ingénuités et les amoureuses dans le vaudeville.

Clarenson. — Seconds caractères.

M. Reinhard, maître de musique du vaudeville et de la comédie.

OPÉRA.

MM.

Bouzigues. — Première haute-contre; Elleviou.

Charles. — Première haute-contre, Philippe, Gavaudan.

Fabre. — Colins, deuxième haute-contre.

Cassel. — Martin, Laïs, Batiste, Solié.

Huet. — Première basse-taille en tous genres.

André. — Trial, Lesage, Juliet.

Desvignes. — Laruette, grimes.

Sanson. — Deuxième basse-taille.

Charles - François. — Deuxième et troisième basse-taille.

César. — Grandes utilités.

Mesdames

Lefortier. — Première chanteuse à roulades.

Charles. — Première chanteuse sans roulades, forte Dugazon.

Bouzigues. — Saint-Aubin, Dugazon, Gavaudan, travestissemens.

Jules Ferrand. — Première duègne.

Fleuriet (Coralie). — Deuxième chanteuse en tous genres.

Antoine. — Deuxième duègne.

Olivier cadette. — Troisième chanteuse.

Minette. — Betzy, jeunes rôles,

Fanni Berthen. — Utilités.

M. Valentino, chef d'orchestre de l'opéra.

M. Taillès, second chef d'orchestre.

SEPTIÈME ARRONDISSEMENT.

COLMAR. ÉPINAL. SCHÉLESTADT.

Opéra.

M. Pepin, directeur.

MM.

Batiste Dutrieux. — Philippe, première haute-contre, Gavaudan, Martin.

De Selves, dit Saint-Paul. — Première et deuxième haute-contre, Ellevion, Martin.

Olivier. — Colins, deuxième haute-contre, jeune premier.

Casteli. — Première basse-taille, Solier.

Pepin. — Première basse-taille, et Juliet.

Théodore. — Trial, Laruette, Juliet.

Charles Pepin, maître de musique.

Mesdames

Coste. — Première chanteuse à roulades.

Sircourt. — Première *idem* sans roulades, Dugazon, deuxième chanteuse.

Montrichard. — Dugazon, Corset. Saint-Aubin.

Théodore. — Première duègne, mère Dugazon, rôles à baguette.

Sircourt mère. — Les secondes duègnes.

Euphrosine Batiste. — Ingénuités, Betzy.

Delphine Théodore. — Rôles d'enfans.

HUITIÈME ARRONDISSEMENT.

TROYES. CHAUMONT. LANGRES. AUXERRE. SENS. AVALON. JOIGNY.

Comédie.

M. Billouard-Saint-Pralx, directeur.

MM.

Duplessis. — Premiers rôles.
Henri Maurice. — Jeune premier.
Ferdinand. — Père noble.
Potus. — Premier comique, régisseur.
Mattalin. — Financiers.
Belfort. — Troisièmes rôles.
Pougin — Second comique.
Pougin fils. — Troisième amoureux.
Auguste Lefevre. — Utilités.

Mesdames

Desarnaud. — Premiers rôles.
Rolland. — Jeune première.
Potus. — Caractères.
Gardin. — Soubrette.
Henri Maurice. — Troisième amoureuse.

Opéra.

MM.

Sellier. — Première haute-contre, Philippe.
Journé. — Deuxième haute-contre, Colins.
Olivier Dupuis. — Première basse-taille.

Nunès. — Deuxième jeune basse-taille, Martin.
Buée. — Deuxième basse-taille, pères.
Saint-Pralx. — Trial, Laruette, Juliet.

Mesdames

Lejey Féréol. — Première chanteuse.
Saint-Amans. — Première *idem*, Dugazon.
Sainvanne — Première duègne.
Genty. — Deuxième duègne.
Cochois mère. — Troisième amoureuse.
Cochois fille. — Utilités, Betzy.
Dupuis. — Accessoires.
M. Grandpierre, maître de musique.
M. Henri, souffleur.

NEUVIÈME ARRONDISSEMENT.

CHARTRES. ÉTAMPES. FONTAINEBLEAU. PROVINS. MEAUX. MELUN.

Madame Queynelle, directrice.

MM.

Auxaigneaux. — Premiers rôles.
Albert. — Jeune premier.
Matis. — Jeune premier.
Laurain. — Père noble.
Terrier. — Financiers.
Louvet. — Premier comique.
Prévost. — Deuxième comique et régisseur.
Dorval. — Troisièmes rôles, et sous-régisseur.

Mesdames

Duret. — Premier rôle.

Louvet. — Jeune première.

Prévost. — Soubrette.

Auxaigneaux. — Caractères, mère noble.

Letellier. — Ingénuités.

Laurain. — Grandes utilités.

M. Derville, souffleur.

M. Mouren, maître de musique.

DIXIÈME ARRONDISSEMENT.

CAEN. LISIEUX. FALAISE. COUTANCES. CHERBOURG. ALENCON.

OPÉRA ET COMÉDIE.

M. Juclié, directeur.

M. Toulmay, régisseur et caissier.

MM.

Juclié. — Premiers rôles dans la comédie.

Barbaret. — Haute-contre, Elleviou dans l'opéra; des amoureux dans la comédie.

Gervais. — Laïs, Martin, Solié dans l'opéra; raisonneurs dans la comédie.

Desplasses. — Première basse-taille dans l'opéra; financiers dans la comédie.

Brochard. — Laruette, Juliet dans l'opéra; second comique dans la comédie.

Bertault. — Trial, Lesage dans l'opéra; des comiques dans la comédie.

Lises. — Deuxième haute-contre dans l'opéra; jeunes premiers dans la comédie.

Léopold Saint-Martin. — Seconde basse-taille dans l'opéra; premier comique dans la comédie.

Rivard Durozen. — Troisième basse-taille dans l'opéra; rôles de convenances dans la comédie.

Blivel. — Taille, coryphée dans l'opéra; utilités dans la comédie.

Mesdames,

Juclié. — Mère Dugazon, première duègne, dans l'opéra; les caractères dans la comédie.

Jaume. — Première chanteuse à roulades; des caractères dans la comédie.

Voizel. — Première chanteuse dans l'opéra; premiers rôles dans la comédie.

Astruck — Première Dugazon en tous genres, dans l'opéra; premiers rôles dans la comédie.

Caroline Langlande. — Saint-Aubin, Gavaudan, dans l'opéra; ingénuités dans la comédie.

Blivel. — Deuxième duègne dans l'opéra; soubrettes dans la comédie.

M. Henry, souffleur.

M. Dupuis Sanière, chef d'orchestre.

ONZIÈME ARRONDISSEMENT.

RENNES. SAINT MALO. LAVAL. LE MANS.

PREMIÈRE TROUPE. — OPÉRA ET COMÉDIE.

M. Collignon, directeur.

MM.

Collignon. — Philippe dans l'opéra; premiers rôles dans la comédie.

Dumont. — Elleviou, Martin dans l'opéra; seconds rôles dans la comédie.

Quinche. — Martin, Elleviou dans l'opéra; jeune premier dans la comédie.

Brouin. — Père noble dans la comédie.

Michelan. — Basse-taille dans l'opéra; financiers dans la comédie.

Metge. — Troisièmes rôles dans la comédie.

Armand. — Trial, Laruette dans l'opéra; premier comique dans la comédie.

Beruette. — Trial, Laruette dans l'opéra; second comique dans la comédie.

Derville. — Utilités dans l'opéra et dans la comédie.

Mesdames,

Collignon. — Mère Dugazon dans l'opéra; premiers rôles dans la comédie.

Dumont. — Première chanteuse dans l'opéra.

Metge. — Rôles de convenance dans l'opéra; jeune première dans la comédie.

Théodore. — Dugazon dans l'opéra; première soubrette dans la comédie.

Dubicourt mère. — Duègne dans l'opéra; caractères dans la comédie.

Dubicourt fille. — Betzy et Corset, dans l'opéra; ingénuités dans la comédie.

Quinche. — Utilités dans l'opéra et dans la comédie.

SECONDE TROUPE. — OPÉRA ET COMÉDIE.

MM.

De Fontenay, régisseur. — Premiers rôles dans la comédie.

Mériel. — Rôles de convenance dans l'opéra; jeune premier dans la comédie.

Caron. — Rôles de convenance dans l'opéra; père noble dans la comédie.

Motte. — Rôles de convenance dans l'opéra; financier dans la comédie.

Rosset. — Elleviou et Colins dans l'opéra; troisièmes amoureux dans la comédie.

Leroy Duhamel. — Première haute-contre dans l'opéra; troisièmes rôles dans la comédie.

Félix Lainville. — Trial, Laruette, dans l'opéra; les comiques dans la comédie.

Mesdames,

Auger. — Première chanteuse dans l'opéra; mère noble dans la comédie.

Motte. — Jeune première dans l'opéra et dans la comédie.

Durand. — Dugazon dans l'opéra; ingénuités dans la comédie.

Mériel. — Duègnes dans l'opéra; soubrettes dans la comédie.

De Fontenay. — Rôles de convenance dans l'opéra; caractères dans la comédie.

Fanny Brillant. — Betzy, Corset, dans l'opéra; troisièmes amoureuses dans la comédie.

M. Durand, chef d'orchestre.

Mademoiselle Zoé Duquesnoi, souffleuse.

DOUZIÈME ARRONDISSEMENT.

LORIENT. VANNES. QUIMPER. MORLAIX. SAINT-BRIEUX.

COMÉDIE.

M. Barthélemy Maurin, directeur.

MM.

Mircourt, régisseur. — Premiers rôles.
Belval. — Pères nobles.
Pelletier. — Jeunes premiers.
Héraut. — Financiers.
Bourdait. — Premiers comiques.

Mesdames,

Decroix. — Premiers rôles.
Brunehaut. — Mères nobles.
Pelletier. — Jeunes premières.
Mircourt. — Soubrettes.
Genty. — Caractères.

TREIZIÈME ARRONDISSEMENT.

ORLÉANS. BLOIS. TOURS. SAUMUR. ANGERS.

PREMIÈRE TROUPE. — OPÉRA.

M. Féréol, directeur.
M. Chaillou, régisseur.

MM.

Philippe. — Haute-contre marquée.
Potier. — Elleviou.

Duranty. — Colins.
Chevalier. — Martin.
Derys. — Basse-taille.
Duprat. — Seconde basse-taille.
Saint-Simon. — Laruette.
Montrose. — Trial.
Salle. — Utilités.

Mesdames,

Brucker. — Première chanteuse.
Gossin. — Seconde chanteuse.
Pansard. — Dugazon.
Joly. — Troisième chanteuse.
Chaillou. — Première duègne.
Chevalier. — Seconde duègne.
MM. Wemer et Huny, maîtres de musique.
M. Dupuy, souffleur.

Deuxième troupe.

. . . .

QUATORZIÈME ARRONDISSEMENT.

ROCHEFORT, LA ROCHELLE, SAINTES, SAINT-JEAN-DANGÉLY, NIORT.

troupe d'opéra.

M. Cocatrix, directeur.
MM.
Monraisin. — Première haute-contre en tout genre.

Félix. — Deuxième haute-contre, et première jeune haute-contre.

Carré. — Tenor, Martin, Lays, Solié.

Simon. — Première basse-taille, Tablier.

Borgniez. — Première basse-taille et Solié.

Biget. — Deuxième basse-taille et utilités.

Faure. — Laruette, Trial, (régisseur).

Saint-Firmin. — Laruette, Juliette.

Remy, chef d'orchestre.

    Mesdames

Honnant. — Première chanteuse en tout genre.

Lechêne. — Deuxième chanteuse et jeune Dugazon.

Louise Simon. — Troisième chanteuse.

Charlotte Simon. — Betzi, ingénuités.

Mautouchet. — Première duègne.

Longuet. — Deuxième duègne.

Biget. — Accessoires, choriste.

Simonnet. — Magasinière.

QUINZIÈME ARRONDISSEMENT.

BOURGES. NEVERS. MOULINS. SAINT-AMAND.

MM. Dumaniant et d'Harmeville, directeurs.

    MM.

D'Harmeville. — Premiers rôles dans la comédie.

Louis Nourtier. — Première haute-contre dans l'opéra.

Picard. — Deuxième haute-contre dans l'opéra, et jeunes premiers dans la comédie.

Durosier. — Philippe dans l'opéra.

Caré. — Martin dans l'opéra.

Delahourde. — Première basse-taille dans l'opéra, et financiers dans la comédie.

Huby. — Deuxième basse-taille dans l'opéra, et troisièmes rôles dans la comédie.

Dalville. — Laruette, dans l'opéra, et premiers comiques dans la comédie.

Dalville fils. — Trial, dans l'opéra, et deuxièmes comiques dans la comédie.

Dejean. — Pères nobles dans la comédie.

Collet. — Régisseur, utilités dans la comédie.

M. Runtz, chef d'orchestre.

Mesdames

Huby. — Première chanteuse dans l'opéra.

D'Harmeville. — Dugazon, dans l'opéra, et les ingénuités dans la comédie.

Dalville. — Premières duègnes dans l'opéra, et premiers rôles dans la comédie.

Furville. — Deuxième chanteuse dans l'opéra.

Moliny. — Troisième chanteuse dans l'opéra, et jeunes premières dans la comédie.

Gérard. — Deuxième duègne dans l'opéra, et deuxième caractères dans la comédie.

Dalville. — Troisième chanteuse dans l'opéra, et soubrettes dans la comédie.

Hantz. — Betzy dans l'opéra, et troisième amoureuse dans la comédie.

Madame Collet, souffleuse.

SEIZIÈME ARRONDISSEMENT.

DIJON. BEAUNE. VESOUL. BESANCON.

Comédie.

M. Charles, directeur.

MM.

Dalès. — Premier rôle.
Garnier. — Jeune premier.
Gobert père. — Financier.
Raynal. — Père noble.
Gobert fils. — Premier comique.
Mairet. — Deuxième comique.
Metge. — Troisième rôle.
Montville. — Utilités.

Mesdames

Gobert mère. — Premier rôle et mère noble.
Gobert bru. — Jeune premier rôle.
Montville. — Caractères.
Garnier. — Soubrette.
Garnier. — Ingénuités.
Gontier. — Deuxième rôle.
M. Henri Lecouvreur, souffleur.

Opéra.

MM.

Beck. — Elleviou.
Chevalier. — Philippe, Gavaudan.
Chapizeau. — Première basse-taille.
Hubert (Désiré). — Deuxième basse-taille.

Florin. — Martin.
Richard. — Juliet, Laruette, Trial.
Prudhomme. — Jeune Trial.
Guillemot. — Colins.
Saint-Albin. — Accessoires.
Bonhomme. — Utilités.
Chevalier Joseph. — Utilités.

Mesdames

Jeaume. — Première chanteuse à roulades.
Paillot, femme Bonhomme. — Jeune mère, chanteuse sans roulades.
Guillemot. — Dugazon, Saint-Aubin.
Hubert (Désiré). — Deuxième et troisième chanteuse.
Saint-Albin. — Duègne.
Micallef. — Deuxième duègne.
Micallef fille. — Accessoires.
M. Provost, maître de musique.

DIX-SEPTIÈME ARRONDISSEMENT.

CHALONS. MÂCON. AUTUN. BOURG. LONS-LE-SAULNIER.

Troupe d'opéra.

M. Constant Tiby, directeur.

MM.

Lefebvre jeune. — Première haute-contre.
Villeneuve. — Jeune premier, haute-contre, Colins.
Solié. — Martin, et deuxième haute-contre.
Lefebvre aîné. — Basse-taille.

Bourdais. — Deuxième basse-taille, utilités.
Delahaye. — Premier Trial.
Dorval. — Laruette.
Antoine Dumont. — Accessoires.

   Mesdames
Sèvres. — Première chanteuse.
Solié. — Première Dugazon.
Lefebvre. — Jeune Dugazon et deuxième chanteuse.
Delahaye. — Mère Dugazon et première duègne.
Dorval. — Deuxième duègne.
Bourdais. — Utilités et choriste.
Émilie. — *Idem*, *idem*.
M. Pâris, maître de musique.
Madame Pâris, souffleuse.

DIX-HUITIÈME ARRONDISSEMENT.

GRENOBLE. VALENCE. MONTÉLIMART. ROMANS.

M. Lintant, directeur.

   MM.
Armand Rousseau. — Régisseur, premier haute-contre, Philippe, Gavaudan, premiers rôles.

Lefevre Panier. — Premier haute-contre, Elleviou, Gavaudan.

L'Ami. — Deuxième haute-contre, Colins, jeunes premiers.

Dupuis. — Martin, Laïs, Solié.

Vencelot. — Jeune premier, basse-taille; les Martin valets.

Saint-Léger. — Deuxième basse-taille, premières marquées.

Dumesnil. — Trial, Laruette, Juliet, premier comique.

Fesche. — Laruette, Trial et autres rôles annexés.

Avril. — Utilités.

Mesdames

Primo. — Première chanteuse, les Renaud, Philis et autres rôles à difficultés.

Bourdais. — Première chanteuse sans roulades, forte Dugazon.

Lafitte. — Dugazon, Corset, Saint-Aubin travestis.

Lesage-Moulins. — Dugazon mère, premières duègnes et margots.

Primo. — Deuxième duègne, grimes, soubrettes.

Lefevre-Panier. — Betzy, jeunes amoureuses.

D'Avril. — Amoureuses et coryphées.

DIX-NEUVIÈME ARRONDISSEMENT.

CLERMONT. RIOM. SAINT-ÉTIENNE. AURILLAC. LE PUY. MONTBRISON.

Première troupe.

M. Pierre Martin, directeur.
M. Modeste, régisseur.

MM.

Modeste. — Première haute-contre, Gavaudan, Philippe dans l'opéra, et les premiers rôles dans la comédie.

Martin. — Deuxième et première haute-contre dans l'opéra, et jeunes premiers rôles dans la comédie.

Thélémy. — Martin et haute-contre, au besoin, dans l'opéra, et les troisièmes rôles dans la comédie.

Hippolyte. — Première basse-taille, Solié, Laïs dans l'opéra, et les premiers comiques dans la comédie.

Simon. — Deuxième et première basse-taille dans l'opéra, et pères nobles dans la comédie.

Philippe. — Laruette, Juliet dans l'opéra, et les financiers dans la comédie.

Philippe jeune. — Trial, Dozainville, Lesage dans l'opéra, et les seconds comiques dans la comédie.

Hauregard. — Utilités dans l'opéra, et les utilités dans la comédie.

Hauregard fils. — Second Trial, accessoires dans l'opéra, et troisièmes comiques dans la comédie.

Mesdames

Hauregard. — Première chanteuse, mère Dugazon dans l'opéra, et premiers rôles dans la comédie.

Thomassin. — Dugazon, Saint-Aubin, Gavaudan dans l'opéra, et les soubrettes dans la comédie.

Thélémy. — Deuxième et première chanteuse dans l'opéra, et jeunes premières dans la comédie.

Modeste. — Duègnes, mères Dugazon dans l'opéra, et caractères dans la comédie.

Simon. — Betzy, jeunes amoureuses dans l'opéra, et ingénuités dans la comédie.

Hippolyte. — Deuxièmes et troisièmes chanteuses dans l'opéra, et troisièmes amoureuses dans la comédie.

Philippe. — Deuxièmes duègnes dans l'opéra, et secondes soubrettes et caractères dans la comédie.

M. Pâris, chef d'orchestre.
M. Balzé, souffleur.

DEUXIÈME TROUPE.

M. Garcin père, directeur.

MM.

Garcin (Théophile). — Première basse-taille, Martin.
Garcin (Prosper). — Première haute-contre, Elleviou.
Cisos père. — Laruette, Juliet, etc.
Cisos fils. — Jeune Trial.
Housset. — Deuxième haute-contre.
Chevalier. — Deuxième basse-taille.
Guérin. — Coryphée.

Mesdames

Garcin (Joséphine) — Première Dugazon, Scio, les soubrettes.
Garcin (Adèle). — Première chanteuse en tout genre.
Garcin (Sophie). — Betzy, deuxième chanteuse.
Garcin mère. — Troisième chanteuse.
Guérin. — Mère Dugazon, première duègne.
Housset. — Deuxième duègne.
Guérin (Élisa). — Rôles d'enfans.
Madame Cisos, souffleuse.

VINGTIÈME ARRONDISSEMENT.

LIMOGES. ANGOULÊME. PÉRIGUEUX. POITIERS.

Première troupe.

M. Beauval, directeur.

M. Maillart, régisseur.

MM.

Bourson. — Rôles de convenance dans l'opéra, et premiers rôles dans la comédie.

Raymond. — Premières hautes-contres, Philippe, Gavaudan, dans l'opéra, et jeunes premiers dans la comédie.

Aimé. — Deuxièmes hautes-contres et Colins dans l'opéra, et troisième amoureux et confidens dans la comédie.

Lafitte. — Basse-taille dans l'opéra, et pères nobles dans la comédie.

Mariage. — Basse-taille dans l'opéra, pères et financiers dans la comédie.

Marius. — Laruette dans l'opéra, et premiers comiques dans la comédie.

Hippolyte. — Trial dans l'opéra, et seconds comiques et niais dans la comédie.

Auguste Henri. — Jeunes basse-taille dans l'opéra, et troisièmes rôles et raisonneurs dans la comédie.

Alphonse. — Grandes utilités dans l'opéra, et *idem* dans la comédie.

Mesdames

Maillart. — Premiers rôles et fortes jeunes premières dans la comédie.

Raymond. — Jeunes premières et ingénuités dans la comédie.

Sophie. — Betzy, jeunes chanteuses dans l'opéra, et troisièmes amoureuses dans la comédie.

Leclerc. — Mères Dugazon, première chanteuse sans roulades dans l'opéra, et mères nobles dans la comédie.

Poitevin. — Dugazon, Philis, Gavaudan, Saint-Aubin dans l'opéra, et première soubrette dans la comédie.

Pedelupé. — Première duègne dans l'opéra, et premier caractère dans la comédie.

Bourson. — Première et deuxième duègne dans l'opéra, et deuxièmes caractères et confidentes dans la comédie.

M. Deresmond, maître de musique.

M. Degrénat, souffleur.

Deuxième troupe.

MM.

Colson. — Rôles de convenance dans l'opéra, et premiers rôles dans la comédie.

Clément. — Rôles de convenance dans l'opéra, et jeunes premiers dans la comédie.

Deschamps. — Seconde haute-contre et colins dans l'opéra, et troisième amoureux dans la comédie.

Henry. — Philippe et Gavaudan dans l'opéra, troisièmes rôles et pères nobles dans la comédie.

Bultos. — Trial, Laruette et Juliet dans l'opéra, et premier comique dans la comédie.

Louis. — Seconde basse-taille dans l'opéra, et financiers dans la comédie.

Duchâteau. — Première basse-taille dans l'opéra, et pères nobles dans la comédie.

Victor. — Les Martin et les Trial dans l'opéra, et seconds comiques dans la comédie.

Laperrière. — Elleviou, première haute-contre dans l'opéra, et rôles de convenance dans la comédie.

Laperrière fils. — Accessoires dans l'opéra, et *idem* dans la comédie.

Mesdames

Jersay. — Premiers rôles dans la comédie.

Louis. — Mères Dugazon dans l'opéra, et jeunes premières dans la comédie.

Hambert. — Philis et fortes Dugazon dans l'opéra, et ingénuités dans la comédie.

Deschamps. — Deuxième chanteuse et mères Dugazon dans l'opéra, et soubrettes dans la comédie.

Heury. — Duègnes dans l'opéra, et caractères dans la comédie.

Deschanelle. — Première chanteuse dans l'opéra, et troisièmes amoureuses dans la comédie.

Rose Clément. — Les Betzy dans l'opéra, et petites amoureuses dans la comédie.

M. Dautremont, maître de musique.

Madame Evrard, souffleuse.

VINGT-UNIÈME ARRONDISSEMENT.

MONTAUBAN. CAHORS. AGEN. AUCH. ALBY. CASTRES. RODEZ.

Première troupe.

Madame Latappy, directrice.

M. Erguier, caissier.

M. Burette, régisseur en chef.

M. Saint-Fois, sous-régisseur.

MM.

Abadie. — Première haute-contre, Elleviou dans l'opéra.

Armand. — Philippe, Gavaudan, Martin, Solié, Laïs dans l'opéra, et premiers rôles et forts jeunes premiers dans la comédie.

Noël. — Deuxième haute-contre, Colins dans l'opéra, et jeunes premiers dans la comédie.

Burette. — Première basse-taille en tous genres dans l'opéra, et pères nobles dans la comédie.

Durand. — Trial, Laruette, Juliet dans l'opéra, et premiers comiques et grimes dans la comédie.

Désiré. — Les jeunes Trial dans l'opéra, et les seconds et premiers comiques dans la comédie.

Belton. — Les seigneurs, deuxième basse-taille dans l'opéra, et premiers et troisièmes rôles dans la comédie.

Saint-Fois. — Premiers et troisièmes rôles, accessoires et utilités.

Mesdames

Louise. — Première chanteuse à roulades, en tout genre, dans l'opéra.

Darville. — Première Dugazon, Corset et Gavaudan dans l'opéra, et jeunes premières dans la comédie.

Julienne. — Premières duègnes, mères Dugazon dans l'opéra, premiers rôles et mères nobles dans la comédie.

Armand. — Deuxième chanteuse, première forte et mères Dugazon dans l'opéra, et jeune première dans la comédie.

Julienne. — Duègnes, margots dans l'opéra, et caractères et mères nobles dans la comédie.

Burette. — Deuxième chanteuse, jeunes Dugazon, ingénuités dans l'opéra, et ingénuités et jeune première dans la comédie.

Clemont. — Deuxième chanteuse, travestis, Dugazon, Gavaudan dans l'opéra, et deuxièmes amoureuses et jeune première dans la comédie.

M. Laborde, maître de musique.
M. Laurent, souffleur et accessoires.
M. Billanche, machiniste et costumier.

Deuxième troupe. — Comédie.

Sous la régie de madame Marigny.

MM.
Marius Maurin. — Premiers rôles.
Roche fils. — Jeune premier.
Saint-Marc. — Pères nobles.
Roche père. — Grands raisonneurs et troisièmes rôles.
Bernot. — Premier comique.
Léon. — Second comique.
Lasvale. — Financiers.
Saint-Ernest. — Troisièmes amoureux.
Guichard. — Utilités.
Louis. — Accessoires.

Mesdames
Marigny. — Premiers rôles.
Guichard. — Ingénuités.
Lasvale. — Jeune première.
Anselme. — Caractères et mères nobles.

Roche. — Soubrettes.

Olivier. — Troisièmes amoureuses.

M. Jolly, secrétaire-souffleur.

VINGT-DEUXIÈME ARRONDISSEMENT.

BAYONNE. PAU. TARBES. BAGNÈRES. MONT-DE-MARSAN.

OPÉRA, COMÉDIE.

M. Bellemond, directeur.

MM.

Jaume. — Première haute-contre et Martin dans l'opéra; raisonneurs dans la comédie.

Beaudry. — Première et seconde haute-contre dans l'opéra; jeune premier dans la comédie.

Chevalier. — Philippe, et seconde basse-taille dans l'opéra; premiers rôles dans la comédie.

Bellemond. — Première basse-taille dans l'opéra; financiers dans la comédie.

Labarthe. — Laruette dans l'opéra; grimes et second comique dans la comédie.

Chevalier fils. — Trial, Juliet dans l'opéra; premier comique dans la comédie.

Henry. — Jeune Trial dans l'opéra; jeunes rôles dans la comédie.

Auguste. — Utilités dans l'opéra; souffleur dans la comédie.

Laborde, chef d'orchestre.

Mesdames,

Virginie Bellemond. — Première chanteuse dans l'opéra; jeune première dans la comédie.

Fressinet. — Première Dugazon dans l'opéra; premiers rôles dans la comédie.

Romanville. — Seconde Dugazon dans l'opéra; ingénuités dans la comédie.

Pauline Jolie. — Mères Dugazon dans l'opéra; les coquettes dans la comédie.

Delinage — Seconde et troisième chanteuse dans l'opéra; soubrettes dans la comédie.

Chevalier. — Duègnes dans l'opéra; caractères dans la comédie.

VINGT-TROISIÈME ARRONDISSEMENT.

CARCASSONE. NARBONNE. BÉZIERS. PÉZÉNAS.

Madame Caroline Bernardy, épouse Séligmen, directrice.

MM.

Galland, régisseur en chef. — Première haute-contre, Elleviou, Gavaudan.

Gascard. — Seconde haute-contre.

Ribes. — Première et seconde basse-taille.

Varangot. — Trial et Laruette.

Montbain. — Rôles de convenances.

Prudhomme. — Première basse-taille.

Montrose. — Martin, seconde haute-contre et Colins.

Mesdames,

Bernardy. — Dugazon, Gavaudan.

Varangot. — Dugazon et seconde chanteuse.
Romainville. — Seconde et troisième chanteuse.
Deligny. — Duègnes et grimes.
Lafargue. — Première chanteuse et mère Dugazon.
Livron. — Première et seconde chanteuse.
M. Chevalier, souffleur.
M. Romainville, maître de musique.

VINGT-QUATRIÈME ARRONDISSEMENT.

NISMES. ALAIS. BEAUCAIRE. UZÈS.

M. Singier (Alexis), directeur.

MM.

Duport. — Première basse-taille en tous genres.
Larrieux. — Première basse-taille et forte seconde.
Vignes. — Première haute-contre, Elleviou.
Eugènes. — Première haute-contre, Gavaudan, Philippe.
Beaudry. — Seconde haute-contre et Colins.
Rousseau Saint-René. — Laïs et Martin.
Chalbos. — Juliet et Laruette.
Célicourt. — Trial et Laruette.
Charles. — Grandes utilités en tous genres.
Mignon. — Seconde et troisième basse-taille, et les chœurs.
Dominique. — Troisièmes amoureux et les chœurs.
Boullard. — Accessoires et les chœurs.
Noyrigat. — Des rôles de première haute-contre et les chœurs.

Mesdames,

Noyrigat. — Première chanteuse en tous genres.
Landier. — Première chanteuse à roulades.
Édouard. — Première Dugazon, Philis.
Vernet. — Seconde Dugazon.
Martin. — Mère Dugazon et grime.
Célicourt. — Seconde duègne et les chœurs.
Arquier. — Troisième amoureuse et les chœurs.
MM. Donjon et Dumoulin, maîtres de musique.
M. Clément, souffleur.

VINGT-CINQUIÈME ARRONDISSEMENT.

AVIGNON. CARPENTRAS. ARLES. TARASCON.

OPÉRA, COMÉDIE.

M. Gamas, directeur.

MM.

Beauchamp. — Rôles de Granger dans l'opéra; premiers rôles dans la comédie.

Gaux. — Philippe, première haute-contre dans l'opéra; raisonneurs dans la comédie.

Martin. — Elleviou, haute-contre, dans l'opéra; jeunes premiers dans la comédie.

Briand. — Martins, jeunes basse-tailles; premiers comiques dans la comédie.

Larrieu. — Première basse-taille, Juliet, dans l'opéra; pères dans la comédie.

Prudhomme. — Basse-taille, Laruette, dans l'opéra; financiers dans la comédie.

Varangot. — Trial, Laruette, dans l'opéra; seconds comiques dans la comédie.

Louis Gamas. — Accessoires, rôles d'enfans, dans l'opéra; utilités, annonces, dans la comédie.

Mesdames,

Caroline Dumont. — Première chanteuse avec et sans roulades dans l'opéra; les amoureuses dans la comédie.

Beauchamp. — Dugazon, Saint-Aubin, Philis, dans l'opéra; jeunes soubrettes dans la comédie.

Varangot. — Seconde chanteuse dans l'opéra; amoureuse dans la comédie.

Martin. — Mère Dugazon, première duègne, dans l'opéra; mères nobles dans la comédie.

Gamas. — Rôles de Margot dans l'opéra; soubrettes marquées, caractères, dans la comédie.

Frosine Gamas. — Betzy dans l'opéra; troisièmes amoureuses dans la comédie.

Donjon. — Utilités, choriste dans l'opéra; utilités dans la comédie.

M. Donjon, chef d'orchestre.

ISLE DE CORSE.

BASTIA. AJACCIO.

COMÉDIE, OPÉRA ET VAUDEVILLE

M. Mayeur, directeur.

MM.

Mienney. — Premiers rôles dans la comédie; Philippe et Vertpré, dans l'opéra et le vaudeville.

Maréchal. — Père noble dans la comédie; rôles de convenance.

Bouvaret père. — Financiers dans la comédie; Laruette, Chapelle, Dubois, dans l'opéra et le vaudeville.

Bouvaret fils. — Premier comique dans la comédie; Brunet, Potier, Joly, dans le vaudeville.

Jules. — Jeune premier dans la comédie; amoureux dans le vaudeville.

Auguste. — Troisième amoureux dans la comédie, troisièmes rôles en tous genres.

Bellerive. — Rôles de convenance dans la comédie, chef d'orchestre.

Mesdames,

Romainville. — Jeune première dans la comédie; Dugazon dans l'opéra; dans le vaudeville, Hervey, Belmont.

Bouvaret (Henriette). — Jeune amoureuse dans la comédie; jeune Dugazon dans l'opéra.

Giverne. — Mère noble, caractères, dans la comédie, duègne dans l'opéra.

Caroline. — Ingénuités dans la comédie; Betzy dans les vaudevilles.

Rose. — Soubrettes dans la comédie; travestissemens dans l'opéra; Minette dans le vaudeville.

Rouard. — Utilités et souffleuse dans la comédie; utilités dans l'opéra.

La petite Rosine. — Rôles d'enfans.

ARRONDISSEMENT DE LA SEINE.

SAINT-DENIS. SCEAUX. CHOISY. THIAIS. SÈVRES. SAINT-CLOUD. LE RANNELAGH. BELLEVILLE. VINCENNES.

M. Seveste, directeur.

Il n'y a point d'acteurs à engagemens fixes pour le service de cet arrondissement. Le directeur choisit parmi les artistes qui cherchent aventure sur le pavé de Paris, et il forme pour un jour, pour une semaine, pour un mois, une petite société *flottante* qui change et se renouvelle selon les temps et les lieux.

Deux guimbardes sont en permanence pour le transport de la troupe et du magasin. Les voyages sont des parties de plaisir. On se moque des passans, qui de leur côté se rient de l'équipage, et la comédie se donne souvent sur le grand chemin.

On joue tous les genres depuis le proverbe jusqu'à la tragédie. Récemment le Manlius du Rannelagh en agitant trop vivement son poignard, frappa à la bouche son ami Servilius. Les dents tombèrent sur la scène, mais la représentation n'en alla pas moins son train. Ce n'est pas comme à d'autres théâtres, où à la moindre entorse un acteur s'évanouit et fait baisser la toile.

En l'an 2 le *Conservatoire* avait été créé. Il fut organisé en l'an 3. Institué d'abord pour l'enseignement de la musique, comme ceux de Rome et de Naples, on y joignit ensuite la déclamation : puis on ouvrit un pensionnat. L'établissement ne faisait que croître et embellir lorsque tout à coup, en 1814, il disparut comme par un coup de baguette.

Sur ses débris s'éleva l'*École des Menus Plaisirs*, école qui avait existé autrefois, mais sur un plan bien plus rétréci.

L'école non plus que le conservatoire n'ont pas fourni jusqu'ici, à vrai dire, au théâtre et surtout à la comédie des sujets bien distingués. Cela viendra peut-être. Il ne faut rien détruire. Il faut former une direction générale des théâtres dans laquelle ces cours entreront naturellement. Alors de ce système complet on verra sortir des merveilles.

En attendant, les élèves de l'école ont obtenu l'autorisation de jouer avec le sieur Seveste, pendant les vacances. Cette mesure est bonne, et ces leçons pratiques vaudront mieux que toutes les théories.

C'est le lundi qu'on joue au Rannelagh. Il y avait, le jour de l'ouverture, plus de trente voitures à la porte.

Le reste de la semaine est divisé entre les autres petites communes. La troupe suit les fêtes ; elle est mobile comme elles. Et, quand le matin dans quelque village on a sonné les cloches pour le saint du lieu, le soir on est bien sûr d'entendre Momus et ses compagnons qui agitent leurs grelots.

Les grelots et les cloches attirent tour à tour les mêmes spectateurs !

BÉNÉFICES.

L'*exception* est une injustice. La *faveur* est un passe-droit. Les *priviléges* ne sont jamais suffisamment motivés, et voilà pourquoi ils finissent toujours par devenir odieux.

Que sommes-nous ici bas? sinon, tous solidaires les uns pour les autres. Loin d'être en une guerre éternelle, nous nous devons un mutuel appui. C'est là, si je ne me trompe, la fine fleur des principes.

Les comédiens, libres par air, devraient bien du moins entre eux suivre ces préceptes. Mais que dis-je? c'est à la comédie surtout qu'on remarque les inégalités et les distinctions les plus ridicules. Nulle part on ne voit plus que là l'orgueil des rangs et la morgue des dignités. La *princesse* dédaigne sa *confidente* et *Sganarelle* prend le pas sur *Grippe-Soleil*.

L'exigeance est en raison de l'importance, et pendant que dure la vogue d'un sujet, il n'est sorte de tyrannie qu'il n'exerce. Il choisit ses rôles et ses jours. Il veut son public et ses pièces. Il veut double part dans le gâteau. Il boude comme un enfant si l'on résiste à ses caprices, et pour avoir la paix il faut lui donner des joujoux.

On annonce à son *bénéfice*. Les billets circulent dans la ville. Ce sujet, si fier à la répétition, va mendier lâchement au dehors, et, à force de manége, il obtient quelques piles de louis, dont il fait le plus souvent un fort sot usage.

Il n'est pas rare que le produit de la représentation ne serve à payer les frais d'un petit souper. La *grande coquette* traite ce jour là son directeur, et l'*utilité* vient les servir à table.

Il faut déjouer ces intrigues, et arrêter ces déportemens. Si l'on conserve la mode des *bénéfices*, je voudrais du moins qu'on n'en accordât qu'aux vieilles actrices, aux vieux acteurs. Ceux là, j'espère, ne jetteront pas leur argent par les fenêtres. Mais dans la crainte que l'envie ne leur en prit encore, on ferait un règlement portant que toute recette de ce genre serait placée en rentes sur l'état.

On disposerait ainsi au nom des acteurs, mais pour leur plus grand avantage, et par ce moyen, combiné avec celui des pensions, on leur assurerait quelques bons revenus sur la fin de leur carrière.

Les acteurs ont besoin de tuteurs. Ils n'ont pas l'esprit à eux, les veilles, les voyages, les irritations continuelles, tout les fatigue et les use. Ils vivent dans un atmosphère de feu, qui consume leurs facultés sans qu'ils s'en doutent, et il y a dans les familles des gens qu'on veut interdire, qui ne l'ont pas si bien gagné que tel qui dans nos spectacles passe pour une forte tête.

La loi doit veiller pour eux. Quand on les aura bien rentés, on pourra les remercier de meilleure heure. On ne sera plus dans la nécessité de les garder en cheveux gris, et par le renouvellement des sujets on renouvellera l'auditoire.

Un système s'est établi, c'est de faire paraître sur les grands théâtres, à des temps donnés, une foule d'élèves sans tenue, sans diction, sans expérience. Ceux là ne participent pas aux *bénéfices*. Mais, par la modicité des appointemens qu'ils acceptent, ils grossissent les profits de leurs maitres. Les élèves passent par la scène française pour aller en province, tandis qu'il serait si naturel de les faire passer par la province pour venir ensuite à Paris.

Je voudrais qu'on ne fût admis à faire d'essai dans nos premières troupes, qu'après un noviciat de trois années dans les troupes du second ordre.

Je ne fais point de cela une règle absolue, et je n'y astreindrais pas les comédiens sous peine d'être pendus, mais bien sous peine d'être sifflés. Si le parterre m'en croyait, toutes les fois qu'on lui offre un petit protégé sans verve, il ferait retentir les voûtes de la salle d'une musique si effroyable, qu'il faudrait bien finir par prendre garde à respecter un peu davantage des gens qui paient leur billet à la porte.

Dans mon humeur, je ne ferais de quartier à personne ; Oreste et Sémiramis seraient impitoyablement martyrisés, et quelques leçons de ce genre empêcheraient à la fin qu'on ne se moquât de ses juges.

Mais le parterre est composé en partie de façon à enchaîner la critique. Il y a des espèces de gladiateurs payés pour battre tout imprudent qui se risque à faire une observation. Il faut écouter mille platitudes, platement débitées, sous peine d'avoir les bras rompus ou la perruque arrachée.

Le parterre est aux gages du balcon. Au balcon sont les amans des jeunes personnes ou les maitresses des jeunes gens qui débutent. A l'orchestre sont les parens, et tout cela fait une masse imposante. Au plus léger signe d'improbation, vous êtes perdu. L'homme de goût est un homme *mal né.* Dans ce jargon, tous les mots ont une signification nouvelle. L'actrice la plus fade est *délicieuse*, si vous dites un mot elle est *divine!* Ce squelette ambulant qui se traîne avec sa barbe postiche, c'est Agamemnon, le roi des rois! Cette personne si niaise, avec son pantalon de satin collant sur des jambes mal tournées, c'est *Chérubin!* et si vous voyiez de près ce qu'on nomme le *bel Hippolite*, vous seriez je vous jure terriblement surpris de la passion qu'il inspire à Phèdre.

CORRESPONDANS DES THÉATRES.

Dieu, dit un poëte arabe, *m'a fait des yeux qui lisent au soleil, et un cœur qui ne se trouble point à l'aspect des puissances de la terre.*

Je trouve dans un auteur italien ces propres maximes, que je traduis: *quand on a du courage on peut se passer d'avoir de la prudence. La réserve ne sied qu'à la faiblesse. Pour une âme indépendante, la franchise est non-seulement un besoin, mais encore elle est un devoir.*

Si j'ouvrais le livre merveilleux où Michel Cervantes fait parler Sancho Pança, je grossirais à peu de frais cette liste de proverbes.

Mais je fais trêve aux discours parasites, et j'aborde mon sujet.

La matière est délicate. Il y a là bien des obscurités. Je navigue au milieu des écueils. Toutefois je resterai sans crainte. Sentinelle avancée, je tiens l'arme haute et ma consigne est, à tous les abus, de crier: qui vive?

Former les troupes, enrôler les acteurs, engager les actrices, fournir les pièces tant anciennes que nouvelles, acheter et transmettre les partitions, telle est la tâche des agens de théâtres.

Ils ont dans leurs mains la fortune des directeurs, et, de leurs choix bien ou mal faits, de leur mission bien ou mal remplie, dépend la réussite ou la chute des entreprises. Pour faire un pareil métier, pour le faire bien, il faut avoir de la conscience. Mais qui n'en a? tout le monde s'en pique, on met à tout propos sa *droiture* en avant. Il faut bien qu'il en existe.

Les *essais* précèdent les *engagemens*. C'est toute une histoire. Il y a le caffé *Touchard* qui est célèbre pour ces sortes de transactions.

L'ermite de la chaussée d'Antin en fit dans le temps une description fort plaisante. On voit dans un coin le *père noble* qui déclame et dans l'autre la *Philis* qui fait des roulades. On veut savoir l'âge des *soubrettes*, et c'est une épreuve cruelle. Il se présente vingt *Trial* pour un *Elleviou*. Les *tenors* se mettent à l'encan, et c'est là que le talent fait le dédaigneux.

Qu'il vienne un rhume, et les impertinences vont se changer en supplications. Tout ceci n'est que peccadille. Mais ce qui est de contrebande, c'est le trop prompt et trop fréquent oubli des signatures de la veille. On donne dix paroles à la fois. on reçoit des *Arrhes* de vingt côtés, et, troquant lestement la casaque de Scapin contre la livrée de Mascarille, brouillant son nom et son adresse, on disparaît comme un éclair, sans laisser trace de son passage.

On prétend que certains entremetteurs prêtent volontiers leur ministère à ces tours de gentillesse. Mais je n'ajoute aucune foi à ces bruits. Ils sont absurdes.

Jamais le désir de percevoir une double *commission* n'a pu entraîner d'honnêtes correspondans à de semblables incartades. Quand ils trompent les directeurs, ils sont les premiers trahis.

C'est le caractère de l'homme d'être inquiet et soupçonneux. Il aime à trouver des coupables, et il éprouve un malin plaisir à voir les plus belles réputations ternies par le souffle de la médisance.

Pour dépister la calomnie, pour écarter jusqu'à la possibilité de semblables affaires, il avait été question de créer une agence générale, dont le chef eût été éligible et révocable par l'autorité.

A la plus légère fraude (ou erreur) la destitution eût été prononcée. Les *droits d'engagemens* auraient été raisonnablement fixés. Partie de la recette eût été laissée pour les frais d'agence; partie eût été versée en une caisse à trois clefs, bien fermée, et aurait fait un fonds commun pour les retraites des acteurs.

Ce fonds manque totalement, dans l'ordre actuel, pour les comédiens de province. Après avoir brillé sur la scène dans les rôles de rois et de reines, le plus grand nombre de ces artistes tombe dans la misère et le désespoir, quand la décrépitude arrive :

Je les gourmande et je les plains.

Au prélèvement sur les droits d'engagemens ordinaires on aurait pu joindre une prime sur les traitemens annuels. Enfin les directeurs auraient été tenus de contribuer au fonds de secours, et de toutes manières il serait resulté beaucoup de bonnes choses de ces dispositions. Rassurés sur leur existence, les desservans et desservantes des temples de Thalie auraient eu moins de répugnance à s'engager dans les doux liens du mariage. Les *irrégularités* auraient sur ce point passé de mode, et l'on auraient vu rôder dans les coulisses un peu moins d'amours sans tuteurs.

On a écrit là-dessus de long mémoires qui sans doute n'ont pas été lus. Les volumes se pressent chez les libraires, et ils descendent chez l'épicier avant d'avoir été coupés. Tout le monde conseille et personne n'étudie. Le temps s'écoule, le mal s'irrite et bientôt il sera sans remède.

Je viens aussi avec un projet tout prêt. Qu'on me consulte, qu'on m'appelle. J'ai saisi tous les rapports et embrassé toutes les ramifications. Je suis comme ces empyriques de carrefour qui ont dans leur casette du baume exprès pour calmer toutes les souffrances, pour alléger toutes les douleurs.

J'ai rencontré dans mes courses un vieux directeur (M. de Saint-Gérand) qui a une poudre miraculeuse, excellente pour les yeux, pour les dents, pour la gorge. C'est en Suisse, en voyageant avec des apothicaires, qu'il a trouvé les plantes balsamiques avec lesquelles il compose sa panacée.

Avez-vous des diésis dans la voix? Prenez de cette poudre et vous montez, sans grimace, jusqu'au *si*.

Êtes-vous atteint d'une colique nerveuse? Avez-vous des spasmes, des suffocations, des vapeurs? Prenez de ma *poudre*, et vous vous sentez en un moment remis dans un état délicieux de repos absolu, et de délivrance complète.

Cette poudre a toutes sortes de qualités divines. Mon plan n'a pas de moindres propriétés. Tout y est prévu, rien n'y est omis; c'est (sans me vanter) une espèce de petit chef-d'œuvre qui mériterait d'être connu.

Mais je crois qu'en voilà bien assez pour une fois. Il ne faut pas tout épuiser en un jour. J'ai effleuré bien des sujets. J'ai fait, en peu d'instans, bien du chemin. J'ai frappé à bien des portes,

Et, dans l'aspérité de mes vertus naïves (1),
    J'ai rudoyé plus d'un passant.

---

(1) Vers de l'épitre de M. Casimir de La Vigne.

Puissent ces aperçus éveiller l'attention de quelque personnage en crédit !

Sans crédit point de succès. Les beaux préceptes sont emportés par les vents, et les traits de sagesse sont réputés traits de folie.

Avec du crédit, tout vous sourit et tout prospère. Vous êtes un homme charmant, un homme habile. On vous choie, on vous fête, on vous porte aux nues.

Ah ! si j'étais le cousin de quelque grand seigneur, quels beaux plans je mettrais à exécution, quelles facilités j'aurais pour cela !

Les théâtres auraient mes premiers soins. Ils sont les plus pressés. Qu'on ne dise pas qu'ils sont indignes de notre sollicitude. Ils importent plus qu'on ne pense à la gloire de l'état ; ils servent à propager les saines doctrines, les vives lumières, et, dirigés avec art, ils peuvent efficacement seconder les vues d'un gouvernement sage.

Je fais halte ici, et ne veux pas m'échauffer davantage. Ce qui va suivre est la justification de ce qui précède. Après le plaidoyer viennent les pièces du procès. Le public est mon tribunal, et j'attends gaiement son arrêt.

LOIS ET RÈGLEMENS.

Extrait du décret du 16 août 1790, en ce qui concerne les Théâtres. — Décret sur l'ordre judiciaire, titre 11, art. 4.

Les spectacles ne pourront être permis et autorisés que par les officiers municipaux. Ceux des entrepreneurs et directeurs actuels qui ont obtenu des autorisations, soit des gouverneurs des anciennes provinces, soit de toute autre manière, se pourvoiront devant les officiers municipaux, qui confirmeront leur jouissance pour le temps qui en reste à courir, à charge d'une redevance envers les pauvres.

Sanctionné le 24 août 1790.

(Voyez la Collection Baudouin, page 190.)

Décret relatif aux pensions des Comédiens Français et Italiens, et autres dépenses occasionées par ces spectacles, du 11 septembre 1790.

L'Assemblée nationale décrète qu'à compter du 1er. janvier 1791, la dépense relative aux pensions des Comédiens Français et Italiens, la garde militaire des spectacles, aux pompes pour garantir les spectacles des incendies, sera rejetée du compte du trésor public.

Sanctionné le 21 septembre 1790.

(Voyez la Collection Baudouin, page 69, mois de septembre 1790.)

Loi donnée à Paris, le 19 janvier 1791.

LOUIS, par la grâce de Dieu, etc., à tous présens et à venir; Salut.

L'assemblée nationale a décrété, et nous voulons et ordonnons ce qui suit :

Décret de l'assemblée nationale, du 23 janvier 1791.

L'assemblée nationale, ouï le rapport de son comité de constitution, décrète ce qui suit :

Art. 1er. Tout citoyen pourra élever un théâtre public, et y faire représenter des pièces de tous les genres, en faisant, préalablement à l'établissement de son théâtre, sa déclaration à la municipalité des lieux.

2. Les ouvrages des auteurs morts depuis cinq ans et plus sont une propriété publique, et peuvent, nonobstant tous anciens priviléges, qui sont abolis, être représentés sur tous les théâtres indistinctement.

3. Les ouvrages des auteurs vivans ne pourront être représentés sur aucun théâtre public, dans toute l'étendue de la France, sans le consentement formel et par écrit des auteurs, sous peine de confiscation du produit total des représentations au profit des auteurs.

4. La disposition de l'article 3 s'applique aux ouvrages déjà représentés, quels que soient les anciens règlemens; néanmoins les actes qui auraient été passés entre des comédiens et des auteurs vivans, ou des auteurs morts depuis moins de cinq ans, seront exécutés.

5. Les héritiers, ou les cessionnaires des auteurs

seront propriétaires de leurs ouvrages, durant l'espace de cinq années après la mort de l'auteur.

6. Les entrepreneurs, ou les membres des différens théâtres seront, à raison de leur état, sous l'inspection des municipalités; ils ne recevront des ordres que des officiers municipaux, qui ne pourront pas arrêter ni défendre la représentation d'une pièce, sauf la responsabilité des auteurs et des comédiens, et qui ne pourront rien enjoindre aux comédiens que conformément aux lois et aux règlemens de police : règlemens sur lesquels le comité de constitution dressera incessamment un projet d'instruction. Provisoirement les anciens règlemens seront exécutés.

7. Il n'y aura au spectacle qu'une garde extérieure, dont les troupes de ligne ne seront point chargées, si ce n'est dans le cas où les officiers municipaux leur en feraient la réquisition formelle. Il y aura toujours un ou plusieurs officiers civils dans l'intérieur des salles, et la garde n'y pénétrera que dans le cas où la sûreté publique serait compromise, et sur la réquisition expresse de l'officier civil, lequel se conformera aux lois et aux règlemens de police. Tout citoyen sera tenu d'obéir provisoirement à l'officier civil.

Mandons et ordonnons à tous les tribunaux, corps administratifs et municipalités, que les présentes ils fassent transcrire sur leurs registres, lire, publier et afficher dans leurs ressorts et départemens respectifs, et exécuter comme loi du royaume. En foi de quoi nous avons signé et fait contresigner cesdites présentes, auxquelles nous avons fait apposer le sceau de l'état. A Paris, le dix-neuvième jour du mois de janvier, l'an de grâce mil sept cent quatre-vingt-onze, et de notre règne le dix-septième. *Signé* LOUIS. *Et plus bas*, M. L. F. DUPORT. Et scellées du sceau de l'état.

Certifié conforme à l'original.

Loi donnée à Paris, le 6 août 1791.

LOUIS, par la grâce de Dieu, etc.

L'assemblée nationale a décrété, et nous voulons et ordonnons ce qui suit :

Décret de l'assemblée nationale, du 19 juillet 1791.

L'assemblée nationale, après avoir entendu les observations de plusieurs membres et les conclusions du rapporteur, a admis la rédaction suivante :

L'assemblée nationale, considérant que la loi du 16 août 1790 n'était que provisoire, et que la loi du 13 janvier dernier contient des dispositions générales qui seules doivent être exécutées dans tout l'empire français, décrète sur l'article premier du projet du comité, qu'il n'y a pas lieu à délibérer.

Art. 1er. Conformément aux dispositions des articles 3 et 4 du décret du 13 janvier dernier, concernant les spectacles, les ouvrages des auteurs vivans, même ceux qui étaient représentés avant cette époque, soit qu'ils fussent ou non gravés ou imprimés, ne pourront être représentés sur aucun théâtre public, dans toute l'étendue du royaume, sans le consentement formel et par écrit des auteurs, ou sans celui de leurs héritiers ou cessionnaires, pour les ouvrages des auteurs morts depuis moins de cinq ans, sous peine de confiscation du produit total des représentations au profit de l'auteur, ou de ses héritiers ou cessionnaires.

2. La convention entre les auteurs et les entrepreneurs des spectacles sera parfaitement libre, et les officiers municipaux, ni aucuns autres fonctionnaires publics, ne pourront taxer lesdits ouvrages, ni modérer ou augmenter le prix convenu; et la rétribution des auteurs, convenue entre eux ou leurs ayans cause et les entrepreneurs de spectacle, ne pourra être ni saisie ni arrêtée par les créanciers des entrepreneurs du spectacle.

Mandons et ordonnons à tous les tribunaux, corps administratifs, etc.

Loi relative aux conventions faites entre les auteurs dramatiques et les directeurs de spectacles.

Du 30 août 1792, l'an quatrième, etc.

L'ASSEMBLÉE nationale, après avoir entendu le rapport sur des réclamations faites contre quelques dispositions des décrets du 13 janvier 1791 et 19 juillet suivant, sur les théâtres;

Considérant que ces réclamations sont fondées sur ce que ces décrets peuvent porter atteinte aux droits des différens spectacles, pour n'avoir pas assez distingué l'état passé de l'état à venir, ainsi que la position de Paris de celle du reste de la France, relativement à la jouissance des pièces de théâtre, en vertu des conventions ou règlemens, ou en vertu d'un long et paisible usage;

Considérant que le droit de faire imprimer et le droit de faire représenter, qui appartiennent incontestablement aux auteurs des pièces dramatiques, n'ont pas été suffisamment distingués et garantis par la loi;

Considérant enfin que les ouvrages dramatiques doivent être protégés par la loi, de la même manière que toutes les autres productions de l'esprit, mais avec des modifications dictées par la nature du sujet, et voulant ôter toute cause de réclamation, décrète ce qui suit :

Art. 1er. Les pièces imprimées ou gravées mises en vente avant cette époque sur les théâtres autres que ceux de Paris, sans convention écrite des auteurs, et cependant sans aucune réclamation légalement constatée de leur part, pourront être jouées sur ces mêmes théâtres sans aucune rétribution pour les auteurs.

2. Les conventions faites avant le décret du 13 janvier 1791 entre les auteurs et les directeurs des spectacles seront exécutées.

3. Les règlemens et arrêts du conseil qui avaient été faits pour les théâtres de Paris ayant été abrogés par le décret du 13 janvier, et ayant donné lieu, à cette époque, à divers traités entre les théâtres de Paris et les auteurs, ces traités seront suivis dans toute l'étendue de leurs dispositions; en conséquence, nul autre théâtre de Paris, que celui ou ceux auxquels l'auteur ou ses ayans cause auront permis la représentation de ses pièces, ne pourra les jouer, sous les peines de la loi.

4. Pour prévenir toutes réclamations à l'avenir, les auteurs seront tenus, en vendant leurs pièces aux imprimeurs ou aux graveurs, de stipuler formellement la réserve qu'ils entendront faire de leurs droits de faire représenter lesdites pièces.

5. Le traité portant ladite réserve sera déposé chez un notaire, et imprimé à la tête de la pièce.

6. En conséquence de cette réserve, aucun spectacle ne pourra jouer lesdites pièces imprimées ou gravées, qu'en vertu d'un consentement écrit et signé par l'auteur.

7. Les spectacles qui contreviendront au précédent article, encourront la peine de la confiscation du produit total des représentations.

8. La réserve faite en vertu de l'article 4 n'aura d'effet que pour dix ans; au bout de ce temps, toutes pièces imprimées et gravées seront librement jouées par tous les spectacles.

9. L'assemblée nationale n'entend rien préjuger sur les décrets ou règlemens de police qu'elle pourra donner dans le code de l'instruction publique, sous le rapport de l'influence des théâtres sur les mœurs et les beaux-arts.

10. Elle déroge aux décrets antérieurs, en tout ce qui n'est pas conforme au présent décret.

Au nom, etc.

Décret du 19 juillet 1793, relatif aux droits de propriété des auteurs d'écrits en tout genre, des compositeurs de musique, des peintres et des dessinateurs.

La convention nationale, après avoir entendu son comité d'instruction publique, décrète ce qui suit :

Art. 1er. Les auteurs d'écrits en tout genre, les compositeurs de musique, les peintres et dessinateurs qui feront graver des tableaux ou dessins, jouiront durant leur vie entière, du droit exclusif de vendre, faire vendre, distribuer leurs ouvrages dans le territoire de la république, et d'en céder la propriété en tout ou en partie.

2. Leurs héritiers ou cessionnaires jouiront du même droit, durant l'espace de dix ans après la mort des auteurs.

3. Les officiers de paix seront tenus de faire confisquer, à la réquisition et au profit des auteurs, compositeurs, peintres ou dessinateurs et autres, leurs héritiers ou cessionnaires, tous les exemplaires des éditions imprimées ou gravées sans la permission formelle et par écrit des auteurs.

4. Tout contrefacteur sera tenu de payer au véritable propriétaire une somme équivalente au prix de trois mille exemplaires de l'édition originale.

5. Tout débitant d'édition contrefaite, s'il n'est pas reconnu contrefacteur, sera tenu de payer au véritable propriétaire une somme équivalente au prix de cinq cents exemplaires de l'édition originale.

6. Tout citoyen qui mettra au jour un ouvrage, soit de littérature ou de gravure, dans quelque genre que ce soit, sera obligé d'en déposer deux exemplaires à la bibliothéque nationale ou au cabinet des estampes de la république, dont il recevra un reçu signé par le bibliothécaire; faute de quoi il ne pourra être admis en justice pour la poursuite des contrefacteurs.

7. Les héritiers de l'auteur d'un ouvrage de littérature, ou de gravure, ou de toute autre production de l'esprit ou du génie, qui appartienne aux beaux-arts, en auront la propriété exclusive pendant dix années.

Décret du 1ᵉʳ. septembre 1793, qui rapporte la loi du 30 août 1792, relative aux ouvrages dramatiques, et ordonne l'exécution de celles des 13 janvier 1791 et 19 juillet dernier.

La Convention nationale, voulant assurer aux auteurs dramatiques la propriété de leurs ouvrages, leur garantir les moyens d'en disposer avec une égale liberté par la voie de l'impression et par celle de la représentation, et faire cesser à cet égard entre les théâtres de Paris et ceux des départemens, une différence abusive, décrète ce qui suit :

Art. 1ᵉʳ. La Convention nationale rapporte la loi du 30 août 1792, relative aux ouvrages dramatiques.

2. Les lois des 13 janvier et 19 juillet 1791 et 1793, leur sont appliquées dans toutes leurs dispositions.

3. La police des spectacles continuera d'appartenir exclusivement aux municipalités. Les entrepreneurs ou associés seront tenus d'avoir un registre dans lequel ils inscriront et feront viser par l'officier de police de service, à chaque représentation, les pièces qui seront jouées, pour constater le nombre des représentations de chacune.

Visé par l'inspecteur. Signé Blaux.

Loi du 25 prairial an 3, interprétative de celle du 19 juillet 1793.

La convention nationale, après avoir entendu le rapport de ses comités de législation et d'instruction publique sur plusieurs demandes en explication de l'art. 3 de la loi du 19 juillet 1793, dont l'objet est d'assurer aux auteurs et artistes la propriété de leurs ouvrages par des mesures répressives contre les contrefacteurs, décrète ce qui suit :

Les fonctions attribuées aux officiers de paix par l'art. 3 de la loi du 19 juillet 1793 seront à l'avenir exercées par les commissaires de police, et par les juges de paix dans les lieux où il n'y a pas de commissaire de police.

Décret du premier germinal an 13.

LES propriétaires par succession ou à autre titre d'un ouvrage posthume ont le même droit que l'auteur; et les dispositions des lois sur la propriété exclusive des auteurs et sur sa durée leur sont applicables; toutefois à la charge d'imprimer séparément les œuvres posthumes, et sans les joindre à une nouvelle édition des ouvrages déjà publiés, et devenus propriété publique.

Instruction concernant les propriétés dramatiques, pour les correspondans de MM. Framery et Prin (1), *fondés de pouvoirs de divers auteurs. A Paris, au Bureau dramatique, rue Vivienne, n°. 15. (Décembre 1807.)*

A MM. LES CORRESPONDANS.

Les instructions qui m'ont servi jusqu'ici à guider mes correspondans dans la carrière qu'ils veulent bien par-

---

(1) Aujourd'hui, M. Framery étant mort, c'est M. Richomma qui le remplace.

courir avec moi, ont besoin d'être entièrement renouvelées. Plusieurs articles sont tombés en désuétude, soit qu'en effet ils soient devenus inutiles, soit qu'un autre ordre de choses les ait mis en contradiction avec des indications ultérieures.

Mais avant tout il est nécessaire d'entrer dans quelques détails historiques sur cet établissement pour ceux qui sont depuis peu porteurs de nos pouvoirs.

En 1791, lorsque le gouvernement eut reconnu et déclara que les ouvrages dramatiques étaient la propriété de leurs auteurs; lorsqu'il voulut leur en assurer la jouissance exclusive pendant leur vie, et après eux à leurs héritiers pendant un temps limité, ces auteurs n'avaient aucun moyen de tirer parti par eux-mêmes de cette jouissance. Je leur proposai un projet, qui, examiné par eux dans plusieurs assemblées, fut adopté définitivement et mis sur-le-champ à exécution. Ce projet consistait à recevoir de chacun d'eux une procuration portant pouvoir de traiter par eux avec les entrepreneurs des théâtres du produit de leurs ouvrages, et d'en recevoir les émolumens, pour leur en tenir compte à des conditions convenues, avec la faculté de transmettre ces mêmes pouvoirs à des préposés que j'établis auprès de tous les théâtres pour ne correspondre qu'avec moi. Par cet arrangement, je pris sur moi seul, pour la totalité des auteurs, la peine et les frais d'une correspondance qu'aucun d'eux n'aurait pu soutenir pour son seul intérêt.

Ce droit était nouveau dans les départemens, il ne put s'y établir qu'avec des résistances de toute nature. Je parvins cependant, à force de soins, à triompher de tous les obstacles, à un tel point, que le produit des recettes, qui ne fut la première année (1791) que de 2,200 l. assignats pour la totalité des auteurs, s'élevait dès l'an 6 (1793) à plus de 80,000 liv. écus.

Dans la vue de donner à mon établissement une consistance encore plus durable, je me suis adjoint M. Prin, dont les auteurs, depuis l'an 4, connaissaient parfaitement l'exactitude, l'intelligence, et qui leur a donné comme à moi des preuves d'une délicatesse rare et d'une sévère probité ; il mérite également la confiance dont ils avaient bien voulu m'honorer ; en conséquence, ils ont signé une nouvelle procuration, par laquelle ils nous ont donné, conjointement ou séparément, les mêmes pouvoirs dont j'étais seul revêtu jusqu'alors pour maintenir leurs droits auprès des théâtres de Paris et des autres départemens.

Après avoir présenté une idée générale de l'affaire dramatique depuis son origine, nous allons faire connaître les avantages qui sont attachés à cette gestion, et exposer la marche que l'on doit suivre, tant pour l'établissement du droit d'auteurs, que pour la perception habituelle des rétributions dans les départemens.

ARTICLE PREMIER.

Avantages et Droits des Correspondans.

§ 1er. Les auteurs ne peuvent offrir aux correspondans qu'une remise de cinq pour cent, ou le vingtième du produit de leurs rétributions, objet considérable pour eux relativement à la masse, mais presque nul pour les correspondans des petites villes qui produisent si peu. Cette indemnité, nous en convenons, n'est pas proportionnée à leurs peines; mais nous n'en sommes que plus sensibles à la complaisance des personnes qui veulent bien nous seconder; leur zèle ne peut donc être soutenu que par le plaisir de rendre service aux auteurs dramatiques, par l'avantage de jouir de leur entrée au spectacle, et de donner des billets.

§ 2. Si un auteur était présent dans une ville où se jouent quelques-uns de ses ouvrages, il aurait incontestablement ses entrées, et, chaque fois que l'on jouerait une de ses pièces, il pourrait donner plusieurs billets; il est donc juste que le correspondant qui représente, non pas un seul auteur, mais un grand nombre de ceux qui composent le répertoire du théâtre, jouisse des mêmes avantages. Le considérant de la loi du premier septembre 1793 autorise ce droit, en observant que les théâtres des départemens doivent être soumis aux mêmes usages que ceux de Paris; mais une considération plus forte encore, c'est que les auteurs, étant propriétaires de leurs ouvrages, sont les maîtres de n'en concéder la jouissance qu'aux conditions qui leur plaisent, sans qu'aucune autorité puisse intervenir pour les modifier; et l'une de ces conditions expresses imposées par les auteurs, est que les personnes qui les représentent dans les départemens y jouissent des mêmes avantages qu'ils auraient eux-mêmes s'ils étaient sur les lieux.

Des directeurs s'étant plaints, sans doute sans fondement, de ce que quelques-uns des correspondans grevaient les théâtres en exigeant des entrées et des billets au-delà du nombre prescrit par les auteurs, ceux-ci ont cru devoir fixer les droits des correspondans par un règlement particulier, auquel les directeurs sont tenus de se conformer en ce qui les concerne.

1°. Il est alloué aux correspondans, pour toute indemnité, la remise de cinq pour cent, ou le vingtième de la rétribution.

2°. Dans les villes où il n'y a qu'un seul correspondant pour les deux bureaux, il a, outre son entrée personnelle et gratuite, le droit de donner quatre billets d'une place de premières chaque jour de spectacle.

Dans les villes où il y a un correspondant pour chaque bureau, chacun d'eux, indépendamment de l'entrée personnelle, a le droit de donner deux billets d'une place de premières.

Les billets des correspondans doivent être faits à la main et signés d'eux.

ARTICLE II.

Devoir des Correspondans.

§ 1er. Le premier devoir du substitué aux pouvoirs des auteurs est de se faire reconnaître pour tel par les autorités locales et compétentes, et de leur communiquer au besoin les lois précitées et relatives aux propriétés dramatiques. Comme ces magistrats sont chargés, notamment par le décret impérial du 8 juin 1806, d'en surveiller l'exécution, il trouvera sans doute auprès d'eux la protection et l'appui dont il a besoin : dans le cas contraire, qui ne peut guère se présumer, il doit prendre acte du refus et nous l'expédier de suite, pour que nous en référions à l'autorité supérieure, et que nous obtenions justice.

§ 2. Le correspondant doit ensuite s'aboucher avec le directeur, régisseur ou chef de la société, et lui faire part des conditions auxquelles les auteurs permettent la représentation de leurs ouvrages : elles varient suivant l'ordre des villes et l'étendue des pièces.

Les précédentes instructions portaient le modèle des traités à faire entre les représentans des auteurs et les entrepreneurs des spectacles ; mais l'expérience a démontré que les traités par écrit n'ont aucun avantage, et présentent de graves inconvéniens. Lorsqu'il n'en existe pas, le directeur ne peut justifier de la permission exigée par la loi, et le substitué a le droit de faire saisir la recette à la première infraction des conventions verbales. C'est le parti qu'il y aurait à prendre si le chef de la troupe refusait ou éludait de se conformer aux conditions prescrites, après lui avoir préalablement interdit, de concert avec l'autorité, la représentation des ouvrages des auteurs dont il stipule les intérêts. Pour rendre cette mesure plus efficace il est nécessaire que les deux correspondans s'entendent sur cet objet.

Il a été trouvé juste et convenable que le mode de perception fût le même pour chaque agence. C'est ordinairement vers la fin de l'année théâtrale que les commissaires respectifs des deux bureaux se rassemblent pour examiner, discuter et arrêter le tableau général des tarifs à suivre l'année suivante. Les prix ainsi fixés, chaque fondé de pouvoirs en fait mention dans une circulaire à ses correspondans, et ceux-ci en donnent communication au théâtre avec lequel ils sont en rapport.

ARTICLE III.

Mode de perception.

§ 1er. Nous avons dit plus haut que les conditions mises par les auteurs à la représentation de leurs ouvrages, variaient suivant l'ordre des villes et l'étendue des pièces.

Les villes où il y a spectacle sont divisées en six ordres, et les théâtres sont taxés en conséquence : c'est la correspondance particulière qui fait connaître dans quel ordre telle ou telle ville doit être placée.

Les pièces de théâtre sont divisées en quatre classes.

Première classe. — Tragédies en trois, quatre ou cinq actes ; — comédies ; — drames en quatre ou cinq actes ; — opéras et vaudevilles en trois actes ; — mélodrames, ballets-pantomimes en trois, quatre ou cinq actes.

Seconde classe. Comédies, drames en trois actes ; — opéras et vaudevilles en deux actes ; — mélodrames, ballets-pantomimes en deux actes.

Troisième classe. — Comédies en deux actes ; — opéras et vaudevilles en un acte ; — mélodrames, ballets-pantomimes en un acte.

Quatrième classe. — Comédies en un acte (1).

§ 2. Ces conditions une fois convenues, il ne s'agit plus que d'en suivre soigneusement l'exécution : il est de l'intérêt des auteurs, des correspondans, des entrepreneurs eux-mêmes, que les rétributions soient exactement

---

(1) J'ai dit, au chapitre des droits d'auteur, quelles modifications je croyais convenable d'apporter à ces classifications.

payées. Les jours mêmes où la recette n'a pas couvert la totalité des frais, elles n'en doivent pas moins être perçues, car il se fera un autre jour une recette plus considérable qui établira une juste compensation : d'ailleurs il faudrait qu'une recette fût bien mince pour que la part, toujours si médiocre, exigée par les auteurs ne pût pas en être distraite : ainsi chaque ouvrage, suivant sa classe, doit être payé régulièrement jour par jour, et aucun motif ne peut engager nos substitués à s'écarter de la perception journalière des droits et du taux fixé par les auteurs, et qui a été transmis.

Toute espèce d'abonnement, toute proposition tendante à admettre un autre mode de perception doit être rejetée comme contraire aux règlemens du bureau dramatique. Si dans le cours de l'année il arrivait une circonstance qui dût apporter quelque modification dans le tarif d'une ville, le correspondant recevrait l'avis de ce changement avec la copie de la décision des commissaires à ce sujet.

Lorsque le titre de la pièce annoncée est inconnu au correspondant, il serait bon qu'il pût la voir, pour tâcher de reconnaître si, sous un titre déguisé, ce n'est pas une des pièces de sa compétence. En général, toutes les fois qu'une pièce, qui n'est pas d'un auteur mort depuis plus de dix ans, ne se trouve cependant pas sur ses listes, l'entrepreneur doit justifier à qui elle appartient, et en produire le manuscrit ou l'imprimé. S'il prétendait avoir acheté quelque pièce à forfait, il est expressément tenu de produire l'acte de cession par écrit de l'auteur, sans quoi la pièce doit être payé *irrémissiblement*. Il en est de même d'une pièce nouvelle dont le succès est assez grand pour qu'elle soit jouée dans les départemens avant qu'on en ait donné l'avis. Ou elle est d'un des auteurs désignés sur la liste, et ce cas n'est point embarrassant; ou elle est d'un auteur nouveau; alors le prix de la pièce, en raison de sa classe, (qu'il est facile de déterminer par le nombre d'actes) doit être déposé; car on peut être assuré d'avance que l'auteur a chargé ou chargera l'un des fondés de pouvoirs à Paris d'en recevoir les émolumens.

Une attention que nous ne saurions trop recommander à nos correspondans c'est de tenir *au courant* les listes d'auteurs et des pièces que nous leur envoyons. Nous avons fait conserver des *blancs* à la fin de chaque lettre pour y inscrire les nouveautés à l'instant où ils en reçoivent la notice imprimée, ou l'avis particulier dans la correspondance.

ARTICLE IV.

Rédaction et confection des états.

Aussitôt que le mois est expiré, le correspondant doit faire sur les états imprimés le relevé de toutes les pièces, sujettes ou non à la rétribution, qui ont été jouées : il est invité à mettre en tête le mois et l'année, le nom de la ville, la désignation particulière du théâtre, ou le *nom de l'entrepreneur*, le prix de chaque classe ancienne ou nouvelle.

Pour éviter des erreurs préjudiciables aux auteurs, et pour ne point attribuer aux uns ce qui appartient aux autres (plusieurs pièces de diverses auteurs portant le même titre), il est nécessaire de désigner le nombre d'actes, le genre, la classe des pièces, et le nom de leurs véritables auteurs. Dans les villes où la distinction entre les pièces nouvelles et les anciennes est établie, il faut avoir l'attention de marquer dans la colonne des observations la quotité des représentations des pièces nouvelles depuis la première.

La liste générale et supplémentaire de toutes les pièces rendra ce soin journalier peu pénible, vu qu'on y trouve dans un ordre très-clair les doubles titres des pièces, le nom des auteurs, la classe de chaque espèce d'ouvrage, ainsi que la portion du droit qui est à recevoir.

Nous prions donc instamment nos collaborateurs d'apporter le plus grand soin dans la rédaction et confection des états, de manière à ce que toutes les pièces soient bien cotées, et qu'aucune ne leur échappe : par là ils éviteront des réclamations qui, n'étant pas faites à temps, peuvent être sans effet, comme cela est arrivé dans plusieurs endroits, et qui deviennent pour nous des pertes, attendu que nous sommes responsables des pièces oubliées.

Pour peu qu'on ait quelque idée de la comptabilité, on sentira aisément que les états ne peuvent présenter un caractère authentique qu'autant qu'ils sont signés par le directeur, le correspondant et l'officier public chargé de la police du spectacle : c'est une formalité indispensable qui nous est prescrite, et à laquelle nous sommes obligés de nous conformer.

ARTICLE V.

Envoi des états et des fonds.

§ 1er. Les commissaires des auteurs attachés à notre bureau exigeant la plus grande régularité dans les comptes, nos correspondans voudront bien ne jamais laisser passer un seul mois sans nous envoyer les états de représentations, et, autant que possible, nous en faire parvenir les fonds en même temps.

Cette observation est de rigueur pour les villes des trois premiers ordres.

A l'égard des autres, afin de ménager les frais de correspondance, on peut réserver les états de trois mois pour être envoyés à la fois.

Quant à celles où le spectacle n'a pas lieu tous les jours, on pourra réunir sur une seule feuille les représentations de plusieurs mois, de manière à rendre moins volumineux les paquets expédiés par la poste.

Pour ne pas multiplier inutilement les frais de correspondance, on se gardera bien d'envoyer des états négatifs; on relatera seulement, soit dans les lettres, soit en tête des états, les mois où il n'y aura pas eu spectacle.

§ 2. L'envoi des fonds à Paris peut être fait de trois manières différentes : 1°. le chargement à la poste; 2°. les messageries, et 3°. les traites à vue ou à court terme sur de bonnes maisons.

Le premier moyen est sûr, mais trop dispendieux; il ne doit être employé qu'à défaut des deux autres.

Il faut, pour choisir le second, que la somme en vaille la peine; car toute somme inférieure à 500 livres paie par les messageries autant que si elle était de 500 liv.

Les traites ou mandats sur Paris sont préférables, parce qu'il n'en coûte rien ou peu de chose ; mais il faut s'assurer de la solvabilité du banquier ou négociant de qui on reçoit le papier. Si le produit d'un seul mois n'est pas assez fort pour obtenir un effet de commerce qui vaille la peine d'être envoyé, le correspondant pourra le garder entre ses mains, et le joindre au second ou au troisième mois : il se gardera bien, sous ce prétexte, d'accorder même délai à l'entrepreneur, qui n'en doit pas moins payer jour par jour, et régler ses comptes à la fin de chaque mois.

22 janvier 1794 (3 pluviose an 2).

Décret portant qu'il sera mis à la disposition du ministre de l'intérieur la somme de 100,000 fr., laquelle somme sera répartie, suivant l'état annexé au présent décret, aux vingt spectacles de Paris, qui, en conformité du décret du 2 août, ont donné quatre représentations pour le peuple.

A l'Opéra.	8,500 fr.
Odéon.	7,000
Théâtre Français.	7,500
Feydeau.	7,000
Favart.	7,000
Théâtre national.	7,000
Louvois.	5,500
Vaudeville.	4,500
Montansier.	4,600
Palais Variétés.	5,000
Molière.	4,800
	68,400

Report.	68,400 fr.
Délassemens comiques.	4,800
Ambigu-Comique.	4,800
La Gaieté.	3,600
La Cité.	3,600
Lycée des Arts.	3,200
Comique et lyrique.	3,200
Variétés amusantes.	3,200
Franconi.	2,400
La Foire Saint-Germain.	2,800
	100,000 fr.

N. B. Depuis ce temps, des indemnités ont continué d'être données aux théâtres toutes les fois qu'il y a eu des représentations *gratis*.

Dans ce moment, les indemnités sont réglées de la manière suivante :

Opéra.	6,000 fr.
Théâtre Français.	6,000
Feydeau.	5,000
Odéon.	5,000
Vaudeville.	3,000
Variétés.	1,500
Gaieté.	800
Ambigu..	800
Porte Saint-Martin.	1,500
Cirque Olympique.	2,400
	32,000 fr.

La dépense est faite, comme dans le principe, par le ministère de l'intérieur.

Décret du 18 octobre 1794, sur le théâtre des Arts.

Art. 1. L'année théâtrale sera comptée à l'avenir comme l'année civile (1).

2. Les comités d'instruction publique et des finances réunis feront un règlement sur le nombre, le traitement des artistes et préposés, leur discipline intérieure, l'administration et la comptabilité du théâtre des Arts.

3. Les artistes et préposés garantiront une recette de 680,000 livres; s'il existait un déficit à cet égard, il serait pris au marc la livre sur leur traitement.

Ce qui excédera en recette la somme ci-dessus fixée, sera divisée en deux parties : la première sera versée au trésor public; la deuxième sera répartie entre les artistes et préposés, conformément au règlement qui sera fait par les comités réunis.

4. Les deux comités réunis présenteront un projet de décret sur les retraites des artistes et préposés.

5. La commission d'instruction publique est autorisée à ordonnancer sur les fonds mis à sa disposition jusqu'à la concurrence de 30,000 livres par mois pour les dépenses variables, et d'une somme de 100,0000 livres une fois payées, pour être employée aux changemens à faire dans la salle, et au paiement des parties les plus pressées de l'arriéré.

6. Les deux comités présenteront incessamment leurs

---

(1) Ce décret ne statuait que pour l'Opéra.

Pour la province, le renouvellement de l'année théâtrale est à Pâques.

vues sur la liquidation des sommes dues aux propriétaire et créanciers de la nouvelle salle, et par l'ancienne administration du théâtre des Arts.

DROITS DES PAUVRES.
Arrêté du 11 nivôse an 4.

Art. 1. Tous les entrepreneurs ou sociétaires de tous les théâtres de Paris et des départemens, sont invités à donner, tous les mois et à dater de cette époque, une représentation au profit des pauvres, dont le produit, déduction faite des frais journaliers et de la part d'auteur, sera versée dans les caisses désignées.

2. Ces jours là les comédiens concourront par tous les moyens qui sont en leur pouvoir à rendre la représentation plus lucrative.

3. Les entrepreneurs ou sociétaires seront autorisés, ces mêmes jours, à tiercer le prix des places et à recevoir les rétributions volontaires de tous ceux qui désireraient concourir à cette bonne œuvre.

4. La recette de ces jours sera constatée légalement par une commission *ad hoc*, nommée par le ministre de l'intérieur, et dans les communes des départemens par un des agens municipaux, lesquels sont tenus d'en rendre compte au ministre.

5. Deux théâtres ne pourront donner le même jour, dans la même commune pour les pauvres.

6. Le théâtre du Vaudeville, dégagé de sa première soumission, se conformera volontairement à ce nouveau mode de rétributions.

Loi du 7 frimaire an 5, (27 novembre 1796).

Art. 1. Il sera perçu un décime par franc en sus du prix de chaque billet d'entrée, pendant 6 mois, dans tous les spectacles où se donnent des pièces de théâtres, des bals, feux d'artifice, concerts, courses et exercices des chevaux, pour lesquels les spectateurs payent.

La même perception aura lieu sur le prix des places louées pour un temps déterminé.

2. Le produit de la recette sera employé à secourir les indigens qui ne sont pas dans les hospices.

3. Dans le mois qui suivra la publication de la présente, le bureau central, dans les communes où il y a plusieurs municipalités, et l'administration municipale dans les autres, formeront par une nomination au scrutin un bureau de bienfaisance, ou plusieurs, s'ils le croient convenable : chacun de ces bureaux sera composé de 5 membres.

4. Les fonctions des bureaux de bienfaisance seront de diriger les travaux qui seront prescrits par les dites administrations, et de faire la répartition des secours à domicile.

5. Les membres de ces bureaux n'auront aucune rétribution et ne toucheront personnellement aucun fonds; ils nommeront un receveur qui fera toutes les perceptions.

6. Les dites administrations détermineront les mesures qu'elles croiront convenables pour assurer le recouvrement du droit ordonné par l'article 1.

7. Dans les communes où il y aura plusieurs bureaux

de bienfaisance, la proportion pour laquelle chacun d'eux sera fondé dans la recette, sera déterminée par le bureau central dans les communes où il y a plusieurs municipalités, et par l'administration municipale dans les autres.

8. Chaque bureau de bienfaisance recevra de plus les dons qui lui seront offerts; il seront déposés aux mains du receveur, et enregistrés.

9. Le bureau rendra compte, tous les mois, du produit de sa recette, à l'administration par laquelle il aura été nommé.

10. Les secours à domicile seront donnés en nature, autant qu'il sera possible.

11. Les mendians valides qui n'ont pas de domicile acquis hors la commune où ils sont nés, sont obligés d'y retourner; faute de quoi ils y seront conduits par la gendarmerie et condamnés à une détention de 3 mois.

12. Les lois des 19 mars 1793, et 22 floréal an 2, sont rapportées en ce qui concerne les secours.

13. La présente résolution sera imprimée, etc.

Loi qui proroge pendant 6 mois la perception en faveur des indigens, d'un droit sur les billet de spectacles, etc.

Du 2 floréal an 5. (21 avril 1797).

Art. 1. Le droit d'un décime par franc, en sus du prix de chaque billet d'entrée dans tous les spectacles où se donnent des pièces de théâtre, dans les bals, feux d'artifice, courses et exercices de chevaux, établi par la loi du 7 frimaire dernier, en faveur des indigens qui sont à domicile, pour 6 mois qui finiront le 7 prairial prechain, continuera d'être perçu pendant 6 autres mois, à partir de ladite époque, et le produit en sera distribué de la manière prescrite par la susdite loi.

2. La présente résolution sera imprimée, etc.

Nota. Depuis cette époque les droits au profit des pauvres, ont été maintenus par des lois, et décrets successifs et prorogés indéfiniment. A Paris on en a mis la perception en régie intéressée. On a permis les abonnemens, et ce mode a été adopté dans beaucoup de villes.

La loi dit que le droit est *en sus des billets d'entrées*. Il se reçoit ainsi à Paris. Les places qui étaient à 3 fr., sont à 3 fr. 30 centimes; et même au Vaudeville on a porté les *premières* à 3 fr. 50 centimes, à un sixième en sus. Ce théâtre et tous les autres en général ont gagné ou du moins n'ont rien perdu à l'établissement de la perception.

Mais en province ce n'est pas de même. Il y a bien peu de villes où l'on ait pu augmenter le prix des billets en raison du droit. Le public veut se divertir et ne veut pas payer. Toute la charge retombe sur la direction, et elle paraît d'un poids énorme dans les circonstances difficiles.

Cependant il faut que les pauvres soient secourus et l'idée a été fort bonne de leur trouver ainsi une ressource sur les plaisirs des riches. Mais, en conservant le droit, peut-être le percevrais-je d'une autre façon. Il y a quelquefois un peu de vexation dans le contrôle des billets, il peut y avoir aussi quelques fraudes. Le système en vigueur exige des agens nombreux par toute la France. Il y aurait moins d'embarras et plus d'avantage à renoncer à la perception journalière pour l'échanger contre vingt-quatre représentations par année au profit des indigens. Ce serait deux par mois, deux sur trente.

Le mode que je propose rentrerait dans les dispositions de l'arrêté du 11 *nivôse an* 4; avec l'essentielle différence que ce qui n'était alors qu'une *invitation* deviendrait *un ordre*.

La surveillance serait moins mal aisée à exercer. Les directeurs seraient le reste du temps plus libres dans leurs opérations. On crierait moins, on recevrait plus. Cela vaut la peine d'y penser.

~~~~~~~~~~~~~~~~~~~~

Tableaux des produits du droit des indigens sur les spectacles, bals, concerts, divertissemens publics, etc. depuis le 1er. janvier 1808 jusqu'au 31 décembre 1816.

EXERCICE 1808.

M. Thierri, régisseur.

Théâtres.	424,592 fr.	67 c.
Fêtes publiques.	24,236	1
Bals.	1,490	7
Concerts.	3,690	5
Représentations extraordinaires.	4,619	2
Curiosités, marionnettes, etc.	5,371	10
Guinguettes.	12,013	15
	476,012 fr.	7 c.

EXERCICE 1809.

M. Thierri, régisseur.

Théâtres.	419,664 fr.	4 c.
Fêtes publiques.	15,799	89
Bals.	9,118	»
Concerts.	4,095	5
Panoramas.	4,426	40
Petits spectacles.	1,920	»
Représentations extraordinaires.	1,800	»
Curiosités, marionnettes, réunions de sociétés.	2,770	16
Guinguettes.	14,069	51
	473,663 fr.	5 c.

EXERCICE 1810.

M. Thierri, régisseur.

Théâtres.	476,315 fr.	45 c.
Fêtes publiques.	22,930	88
Bals.	4,517	84
Concerts.	2,789	92
Panoramas.	5,897	16
Petits spectacles.	1,878	26
Représentations extraordinaires.	987	65
Curiosités, marionnettes, réunions de sociétés.	2,365	59
	517,682 fr.	75 c.

EXERCICE 1811.

M. Delaprade, régisseur.

Théâtres.	421,381 fr.	49 c.
Fêtes publiques.	16,572	64
Bals.	4,859	65
Concerts.	2,707	15
Panoramas.	4,945	14
Petits spectacles.	2,221	95
Curiosités, marionnettes, etc.	2,710	49
	455,398 fr.	51 c.

EXERCICE 1812.

M. de Bief, pour son beau-père, M. Gibert, régisseur.

Théâtres.	396,940 fr.	20 c.
Fêtes publiques.	16,745	75
Bals.	6,401	50
Concerts.	4,170	25
Soirées amusantes.	2,619	11
Panoramas.	3,953	55
Petits spectacles.	2,798	69
Curiosités, marionnettes, etc.	3,877	50
Recouvremens de loges sur divers exercices antérieurs.	5,803	52
	443,310 fr.	7 c.

EXERCICE 1813.

M. de Bief, directeur.

Théâtres.	408,017 fr.	61 c.
Fêtes publiques.	9,280	72
Bals.	5,450	67
Concerts.	1,994	62
Soirées amusantes.	2,589	66
Panoramas.	2,387	27
Petits spectacles.	2,741	66
Curiosités, marionnettes, etc.	6,397	48
Recouvremens de loges sur diverses exercices antérieurs.	8,075	64
	446,935 fr.	33 c.

EXERCICE 1814.

M. de Bief, directeur.

Théâtres.	446,551 fr.	80 c.
Fêtes publiques.	13,383	»
Bals.	5,443	16
Concerts.	4,763	9
Soirées amusantes.	2,341	»
Panoramas.	3,551	10
Petits spectacles.	2,635	»
Curiosités, marionnettes, etc.	6,470	33
Recouvremens de loges sur les exercices antérieurs.	7,434	47
	492,572 fr.	95 c.

EXERCICE 1815.

M. de Bief, directeur.

Théâtres.	449,038 fr.	88
Fêtes publiques.	13,614	41
Bals.	5,675	»
Concerts.	8,021	83
Soirées amusantes.	2,713	»
Panoramas.	2,613	25
Petits spectacles.	3,636	49
Représentations extraordinaires.	2,266	»
Curiosités, marionnettes, etc.	6,516	»
Recouvremens de loges sur divers exercices antérieurs.	6,020	80
	500,115 fr.	66 c.

EXERCICE 1816.

M. de Bief, directeur.

Théâtres.	452,635 fr.	49 c.
Fêtes publiques.	10,887	45
Bals.	6,018	»
Concerts.	5,922	11
Soirées amusantes.	4,362	16
Panoramas.	2,511	75
Petits spectacles.	8,608	16
Représentations extraordinaires.	4,080	36
Curiosités, marionnettes, etc.	6,420	»
Recouvremens de loges sur divers exercices antérieurs.	6,721	43
	508,166 fr.	91 c.

*Mesures contre l'incendie des salles de spectacles.
Arrêté du 1er. germinal an 7, 21 mars 1799.*

Art. 1er. Le dépôt des machines et décorations pour les théâtres, dans toutes les communes où il en existe, sera fait dans un magasin séparé de la salle de spectacle.

2. Les directeurs et entrepreneurs des spectacles seront tenus de disposer dans la salle un réservoir toujours plein d'eau, et au moins une pompe continuellement en état d'être employée.

3. Ils seront obligés de solder en tout temps des pompiers exercés, de manière qu'il s'en trouve toujours en nombre suffisant pour le service au besoin.

4. Un pompier sera constamment en sentinelle dans l'intérieur de la salle.

5. Un poste de garde sera placé à chaque théâtre, de manière qu'un factionnaire, relevé toutes les heures, puisse continuellement veiller avec un pompier dans l'intérieur, hors le temps des représentations.

6. A la fin des spectacles, le concierge, accompagné d'un chien de ronde, visitera toutes les parties de la salle pour s'assurer que personne n'est resté caché dans l'intérieur, et qu'il ne subsiste aucun indice qui puisse faire craindre un incendie.

7. Cette visite après le spectacle, se fera en présence d'un administrateur magistral, ou d'un commissaire de police, qui la constatera sur un registre tenu à cet effet par le concierge.

8. Les dépôts de machines et décorations, la surveillance et le service pour les salles de spectacle, déter-

minés par le présent arrêté, seront établis sans délai, par le bureau central dans les communes au-dessus de 100,000 âmes; dans les autres communes par les administrations municipales.

9. Tout théâtre dans lequel les précautions et formalités ci-dessus prescrites auront été négligées ou omises un seul jour sera fermé à l'instant.

10. Le présent arrêté sera inséré au Bulletin des lois, etc.

GARDE.

Extrait de l'arrêté du 12 vendémiaire an 11 (4 octobre 1802.).

TITRE IX.

Art. 45. OUTRE le service ordinaire de police, la *garde municipale* fera celui de tous les spectacles et bals publics; elle fournira les gardes qui pourraient être demandées à la police pour bals et fêtes particulières. Le préfet de police déterminera le nombre d'individus qui seront accordés pour ces divers services, et la rétribution qui sera due à chacun d'eux.

La moitié de la rétribution déterminée par le préfet de police sera donnée à celui ou à ceux qui auront fait ledit service, et l'autre moitié sera répartie de 6 en 6 mois, entre les sous-officiers et soldats de la totalité de la garde municipale, au prorata de leur solde.

(Bulletin des lois, n°. 221. — an 11.)

THÉATRES.

Administration des Préfets du palais.

Par un arrêté des *Consuls*, les préfets du palais furent, en l'an 10, chargés de la surintendance de l'Opéra (théâtre des Arts) et du Théâtre Français.

En l'an 11 il y eut pour l'Opéra, le 20 nivôse, un arrêté particulier dont voici la teneur :

Art. 1ᵉʳ. Le préfet du palais qui a la surveillance du théâtre des Arts n'est chargé d'aucune comptabilité.

2. Sous lui sont : 1°. un directeur ; 2°. un administrateur comptable, tous deux nommés par le premier consul.

3. Le directeur est chargé sous l'autorité du préfet du palais, 1°. du personnel et du traitement des artistes et des employés ; 2°. de tout ce qui est relatif à la mise et représentation des pièces et ballets ; 3°. du maintien de l'ordre et de la police.

4. Au commencement de chaque mois il remet d'avance au préfet du palais un aperçu des dépenses fixes et variables du mois.

5. Aucune pièce nouvelle, aucun nouveau ballet ne peuvent être donnés, aucune décoration nouvelle établie, que l'aperçu de la dépense n'ait été soumis au gouvernement et approuvé par le premier consul.

6. Il sera dressé un tableau, 1°. des traitemens fixes des artistes et employés des théâtres ; 2°. des gratifications qui leur sont accordées sous le nom de *feu*. Ce tableau sera soumis par le préfet du palais à l'approbation du premier consul.

7. L'administrateur comptable est chargé de tout ce qui tient à la comptabilité, soit en matière, soit en argent, tant en recette qu'en dépense. Il rend tous les mois au préfet du palais un compte détaillé des entrées et sorties en matières, des recettes et dépenses en argent, visé par le directeur.

8. Il tient un compte ouvert pour chaque artiste, pour chaque préposé, pour chaque fournisseur, et ne délivre sur la caisse aucun mandat que sur un état de distribution signé du directeur.

Il arrête, chaque jour de représentation, le registre des recettes.

9. Pendant l'an 11, le ministre de l'intérieur ordonnancera 50,000 francs par mois au profit du théâtre des Arts. L'ordre sera délivré à l'administrateur comptable.

10. Tous les 6 mois, sur la proposition du ministre de l'intérieur, il sera nommé, par le premier consul, une commission de trois personnes, pour examiner et vérifier les dépenses, les recettes et la comptabilité du théâtre des Arts.

11. Il y a un caissier nommé par le ministre du trésor public et destituable par lui, s'il y a lieu. Il fournit un cautionnement de 100,000 francs en capitaux de rentes à 5 du cent, déposés à la Caisse d'amortissement.

12. La recette se compose : 1°. des recettes journalières faites à la porte du théâtre; 2°. du produit des loges louées à l'année ou par représentation; 3°. des fonds des supplémens versés par le trésor public. Il paye toutes les dépenses, sur les mandats de l'administrateur comptable, appuyés de l'état de distribution, signé par le directeur.

13. Tous les 10 jours le caissier remet l'état de sa caisse au ministre du trésor public.

14. Les billets sont déposés et timbrés à la caisse. Le caissier les délivre, soit aux artistes qui ont droit d'en recevoir gratuitement et qui les recevront sur un état de distribution arrêté par le directeur et visé par l'administrateur comptable, soit aux personnes chargées de les distribuer, lesquelles en compteront la valeur, soit en argent, soit en billets non distribués.

L'état des billets rentrés, faute de distribution, sera chaque jour dressé par le caissier, et vérifié par l'administrateur comptable.

15. Personne sans exception n'aura ni loges, ni entrées gratuites, sauf les droits des auteurs et compositeurs.

16. Les ouvreuses de loges seront fréquemment déplacées, et il y aura un inspecteur chargé de vérifier si on n'a pas introduit dans les loges des personnes qui ne devraient pas y être.

17. Toutes personnes, autres que les concierges et employés nécessaires à la conservation du théâtre, qui occuperaient des logemens dans les bâtimens et dépendances, sont tenues de les évacuer dans le plus bref délai.

Nota. On verra plus loin le décret relatif à la création de la surintendance des grands théâtres, sous les ordres du premier chambellan.

Décret du 8 juin 1806.

TITRE Ier.

Des théâtres de la capitale.

Art. 1er. Aucun théâtre ne pourra s'établir dans la capitale, sans notre autorisation spéciale, sur le rapport qui nous en sera fait par notre ministre de l'intérieur.

2. Tout entrepreneur qui voudra obtenir cette autorisation sera tenu de faire la déclaration prescrite par la loi, et de justifier devant notre ministre de l'intérieur des moyens qu'il aura pour assurer l'exécution de ses engagemens.

3. Le théâtre dit *de Louvois* sera placé à l'*Odéon* aussitôt que les réparations seront achevées.

Les entrepreneurs du théâtre Montansier, d'ici au 1er. janvier 1807, établiront leur théâtre dans un autre local.

4. Les répertoires de l'Opéra, de la Comédie Française et de l'Opéra Comique, seront arrêtés par le ministre de l'intérieur, et nul autre théâtre ne pourra représenter à Paris des pièces comprises dans les répertoires de ces grands théâtres, sans leur autorisation et sans leur payer une rétribution qui sera réglée de gré à gré et avec l'autorisation du ministre.

5. Le ministre de l'intérieur pourra assigner à chaque théâtre un genre de spectacle, dans lequel il sera tenu de se renfermer.

6. L'Opéra pourra seul donner des ballets ayant les

caractères qui sont propres à ce théâtre, et qui seront déterminés par le ministre de l'intérieur.

Il sera le seul théâtre qui pourra donner des bals masqués.

TITRE II.

Théâtres des Départemens.

7. Dans les grandes villes de l'empire, les théâtres seront réduits au nombre de deux. Dans les autres villes, il n'en pourra subsister qu'un. Tous devront être munis de l'autorisation du préfet, qui rendra compte de leur situation au ministre de l'intérieur.

8. Aucune troupe ambulante ne pourra subsister sans l'autorisation des ministres de l'intérieur et de la police. Le ministre de l'intérieur désignera les arrondissemens qui leur seront destinés, et en préviendra les préfets.

9. Dans chaque chef-lieu de département, le théâtre principal jouira seul du droit de donner des bals masqués.

TITRE III.

Des auteurs.

10. Les auteurs et les entrepreneurs seront libres de déterminer entre eux, par des conventions mutuelles, les rétributions dues aux premiers, par somme fixe ou autrement.

11. Les autorités locales veilleront strictement à l'exécution de ces conventions.

12. Les propriétaires d'ouvrages dramatiques posthumes ont les mêmes droits que l'auteur, et les dispositions sur la propriété des auteurs, et sur sa durée, leur

sont applicables, ainsi qu'il est dit au décret du premier germinal an 13.

TITRE IV.

Dispositions générales.

13. Tout entrepreneur qui aura fait faillite ne pourra plus rouvrir de théâtre.

14. Aucune pièce ne pourra être jouée sans l'autorisation du ministre de la police générale.

15. Les spectacles de curiosités seront soumis à des règlemens particuliers, et ne porteront plus le titre de théâtres.

16. Nos ministres de l'intérieur et de la police générale sont chargés de l'exécution du présent décret.

Règlement pour les théâtres.

Le ministre de l'intérieur, en exécution du décret du 8 juin 1806, relatif aux théâtres, arrête ce qui suit :

TITRE Ier.

Des théâtres de Paris.

Art. 1er. Les théâtres dont les noms suivent sont considérés comme *grands théâtres*, et jouiront des prérogatives attachées à ce titre par le décret du 8 juin 1806 :

1°. *Le Théâtre Français.*

Ce théâtre est spécialement consacré à la *tragédie* et à la *comédie*.

Son répertoire est composé, 1°. de toutes les pièces (tragédies, comédies et drames) jouées sur l'ancien théâtre de l'hôtel de Bourgogne, sur celui que dirigeait

Molière, et sur le théâtre qui s'est formé de la réunion de ces deux établissemens, et qui a existé sous diverses dénominations jusqu'à ce jour; 2°. des comédies jouées sur divers théâtres dits *Italiens*, jusqu'à l'établissement de l'Opéra Comique.

L'*Odéon* sera considéré comme une annexe du théâtre Français, pour la comédie seulement.

Son répertoire contient, 1°. les comédies et drames spécialement composés pour ce théâtre; 2°. les comédies jouées sur les théâtres dits *Italiens*, jusqu'à l'établissement de l'Opéra Comique : ces dernières pourront être représentées par l'Odéon concurremment avec le Théâtre Français.

2°. *Le théâtre de l'Opéra.*

Ce théâtre est spécialement consacré au chant et à la danse : son répertoire est composé de tous les ouvrages, tant opéras que ballets, qui ont paru depuis son établissement en 1646.

1°. Il peut seul représenter les pièces qui sont entièrement en musique et les ballets du genre noble et gracieux : tels sont tous ceux dont les sujets ont été puisés dans la mythologie ou dans l'histoire, et dont les principaux personnages sont des dieux, des rois ou des héros.

2°. Il pourra aussi donner (mais non exclusivement à tout autre théâtre) des ballets représentant des scènes champêtres ou des actions ordinaires de la vie.

3°. *Le théâtre de l'Opéra Comique.*

Ce théâtre est spécialement destiné à la représentation de toute espèce de comédies ou drames mêlés de couplets, d'ariettes et de morceaux d'ensemble.

Son répertoire est composé de toutes les pièces jouées

sur le théâtre de l'*Opéra Comique*, avant et après sa réunion à la Comédie Italienne, pourvu que le dialogue de ces pièces soit coupé par du chant.

L'*Opéra buffa* doit être considéré comme une annexe de l'Opéra Comique. Il ne peut représenter que des pièces écrites en italien.

2. Aucun des airs, romances et morceaux de musique qui auront été exécutés sur les théâtres de l'Opéra et de l'Opéra Comique, ne pourra, sans l'autorisation des auteurs ou propriétaires, être transporté sur un autre théâtre de la capitale, même avec des modifications dans les accompagnemens, que cinq ans après la première représentation de l'ouvrage dont ces morceaux font partie.

3. Seront considérés comme *théâtres secondaires* :

1°. *Le théâtre du Vaudeville.*

Son répertoire ne doit contenir que de petites pièces mêlées de couplets sur des airs connus, et des parodies.

2°. *Le théâtre des Variétés, boulevart Montmartre.*

Son répertoire est composé de petites pièces dans le genre *grivois*, *poissard* ou *villageois*, quelquefois mêlées de couplets également sur des airs connus.

3°. *Le théâtre de la porte Saint-Martin.*

Il est spécialement destiné au genre appelé *mélodrame*, aux pièces à grand spectacle. Mais dans les pièces du répertoire de ce théâtre, comme dans toutes les pièces des théâtres secondaires, on ne pourra employer pour les morceaux de chant que des airs connus.

On ne pourra donner sur ce théâtre des ballets dans le genre historique et noble ; ce genre, tel qu'il est indiqué plus haut, étant exclusivement réservé au grand Opéra.

4°. *Le théâtre de la Gaieté.*

Il est spécialement destiné aux *Pantomimes* de tous genres, mais sans ballets; *Arlequinades* et autres *Farces*, dans le goût de celles données autrefois par *Nicolet* sur ce théâtre.

5°. *Le théâtre des Variétés étrangères.*

Le répertoire de ce théâtre ne pourra être composé que de pièces traduites des *théâtres étrangers.*

4. Les autres théâtres actuellement existant à Paris, et autorisés par la police antérieurement au décret du 8 juin 1806, seront considérés comme annexes ou doubles des *théâtres secondaires* : chacun des directeurs de ces établissemens est tenu de choisir, parmi les genres qui appartiennent aux théâtres secondaires, le genre qui paraîtra convenir à son théâtre.

Ils pourront jouer, ainsi que les théâtres secondaires, quelques pièces des répertoires des grands théâtres, mais seulement avec l'autorisation des administrations de ces spectacles, et après qu'une rétribution due aux grands théâtres aura été réglée de gré à gré, conformément à l'article 4 du décret du 8 juin, et autorisée par le ministre de l'intérieur.

5. Aucun des théâtres de Paris ne pourra jouer des pièces qui sortiraient du genre qui lui a été assigné.

Mais lorsqu'une pièce aura été refusée à l'un des trois grands théâtres, elle pourra être jouée sur l'un ou l'autre des théâtres de Paris, pourvu toutefois que la pièce se rapproche du genre assigné à ce théâtre.

6. Lorsque les directeurs et entrepreneurs de spec-

tacles voudront s'assurer que les pièces qu'ils ont reçues ne sortent point du genre de celles qu'ils sont autorisés à représenter, et éviter l'interdiction inattendue d'une pièce dont la mise en scène aurait pu leur occasioner des frais, ils pourront déposer un exemplaire de ces pièces dans les bureaux du ministère de l'intérieur.

Lorsqu'une pièce ne paraîtra pas être du genre qui convient au théâtre qui l'aura reçue, les entrepreneurs ou directeurs de ce théâtre en seront prévenus par le ministre.

L'examen des pièces dans les bureaux du ministère de l'intérieur, et l'approbation donnée à leur représentation, ne dispenseront nullement les directeurs de recourir au ministère de la police, où les pièces doivent être examinées sous d'autres rapports.

7. Pour que les théâtres n'aient pas à souffrir de cette détermination et distribution de genres, le ministre leur permet de conserver en entier leurs anciens répertoires, quand même il s'y trouverait quelques pièces qui ne fussent pas du genre qui leur est assigné; mais ces anciens répertoires devront rester rigoureusement tels qu'ils ont été déposés dans les bureaux du ministère de l'intérieur, et arrêtés par le ministre.

Par cet article, toutefois, il n'est nullement contrevenu à l'article 4 du décret du 8 juin, qui ne permet à aucun théâtre de Paris de jouer les pièces des grands théâtres sans leur payer une rétribution.

TITRE II.

Répertoires des théâtres dans les départemens.

8. Dans les départemens, les troupes *permanentes* ou *ambulantes* pourront jouer, soit les pièces des répertoires des grands théâtres, soit celles des théâtres secondaires et de leurs doubles (sauf les droits des auteurs ou des propriétaires de ces pièces).

9. Dans les villes où il y a deux théâtres, le *principal théâtre* jouira spécialement du droit de représenter les pièces comprises dans les repertoires des grands théâtres; il pourra aussi, mais avec l'autorisation du préfet, choisir et jouer quelques pièces des théâtres secondaires, sans que pour cela l'autre théâtre soit privé du droit de jouer ces mêmes pièces.

Le *second théâtre* jouira spécialement du droit de représenter les pièces des répertoires des théâtres secondaires; il ne pourra jouer les pièces des trois grands théâtres, que dans les suppositions suivantes :

1°. Si les auteurs mêmes lui ont vendu ou donné leurs pièces;

2°. Si le premier théâtre n'a point joué telle ou telle pièce depuis plus d'un an, à compter du jour de sa première représentation, à Paris, sur un des grands théâtres : dans ce cas, le second théâtre pourra jouer cette pièce pendant une année entière, et même plus long-temps, si, pendant le cours de cette année, la pièce n'a point été représentée par le principal théâtre.

Au reste, le préfet, dans les villes où il y a deux théâtres, peut en outre autoriser le second théâtre à représenter des pièces des grands répertoires, toutes les fois qu'il le jugera convenable.

Lorsque le second théâtre, dans ces villes, se sera préparé à la représentation d'une pièce du genre de celles qui forment son répertoire, le grand théâtre ne pourra empêcher ni retarder cette représentation, sous aucun prétexte, et quand même il prouverait qu'il a obtenu du préfet l'autorisation de jouer la même pièce.

TITRE III.

Désignations des arrondissemens destinés aux troupes de comédiens ambulantes.

10. Les villes qui ne peuvent avoir de spectacle que pendant une partie de l'année, ont été classées de manière à former vingt-cinq *arrondissemens*.

Le tableau de ces arrondissemens, et celui du nombre de troupes qui paraîtrait nécessaire pour chacun d'eux, sont joints au présent règlement.

11. Aucun entrepreneur de spectacles ne pourra envoyer de troupes ambulantes dans l'un ou l'autre de ces arrondissemens, 1°. s'il n'y a été formellement autorisé par le ministre de l'intérieur, devant lequel il devra faire preuve des moyens qu'il peut avoir de remplir ses engagemens; 2°. s'il n'est, en outre, muni de l'approbation du ministre de la police générale.

12. Les entrepreneurs de spectacles qui se présenteront pour tel ou tel arrondissement, devront, *avant le 1er. août prochain*, et dans les années subséquentes, toujours avant la même époque,

1°. Désigner le nombre de sujets dont seront composées la troupe ou les troupes qu'ils se proposent d'employer ;

2°. Indiquer à quelle époque leurs troupes se rendront, et combien de temps ils s'engageront à les faire rester dans chaque ville de l'arrondissement postulé par eux.

13. Chaque autorisation ne sera accordée que pour trois années au plus. Les conditions auxquelles ces concessions seront faites, seront communiquées aux préfets, qui en surveilleront l'exécution.

L'inexécution de ces conditions sera dénoncée au ministre par les préfets, et punie par la révocation des autorisations, et, s'il y a lieu, par des indemnités qui seront versées dans la caisse des pauvres.

14. Des doubles de chacune des autorisations accordées aux entrepreneurs de spectacles par le ministre de l'intérieur, seront envoyés au ministre de la police générale, pour qu'il donne de son côté, à ces entrepreneurs, une approbation particulière, s'il n'y trouve aucun inconvénient. Il lui sera donné connaissance de toutes les mutations qui pourront survenir parmi les entrepreneurs de spectacles.

15. Dans les villes où un théâtre peut subsister pendant toute l'année, l'autorisation d'y établir une troupe sera accordée par les préfets, conformément à l'art. 7 du décret du 8 juin. Ce seront également les préfets qui accorderont ces autorisations dans les villes où il y a deux théâtres.

16. Les autorisations pour les troupes ambulantes seront délivrées aux entrepreneurs de spectacles dans le courant de l'année 1807. La nouvelle organisation des spectacles en cette partie devra être en pleine activité

au renouvellement de *l'année théâtrale* (en avril 1808). En attendant, les préfets sont autorisés à suivre, à l'égard des troupes ambulantes, les dispositions qui ont été en vigueur jusqu'à ce jour, s'ils n'y ont déjà dérogé.

TITRE IV.

Dispositions générales.

17. Les spectacles n'étant point au nombre des jeux publics auxquels assistent les fonctionnaires en leur qualité, mais des amusemens préparés et dirigés par des particuliers qui ont spéculé sur le bénéfice qu'ils doivent en retirer, personne n'a le droit de jouir gratuitement d'un amusement que l'entrepreneur vend à tout le monde. Les autorités n'exigeront donc d'entrées gratuites des entrepreneurs, que pour le nombre d'individus jugé indispensable pour le maintien de l'ordre et de la sûreté publique.

18. Il est fait défense aux entrepreneurs, directeurs ou régisseurs de spectacles et concerts, d'engager aucun élève des écoles de chant ou de déclamation du Conservatoire, sans l'autorisation spéciale du ministre de l'intérieur.

19. L'autorité chargée de la police des spectacles prononcera provisoirement sur toutes contestations, soit entre les directeurs et les acteurs, soit entre les directeurs et les auteurs ou leurs agens, qui tendraient à interrompre le cours ordinaire des représentations; et la décision provisoire pourra être exécutée, nonobstant

le recours vers l'autorité à laquelle il appartiendra de juger le fond de la contestation.

Fait à Paris, le 25 avril 1807.

Le ministre de l'intérieur,
CHAMPAGNY.

Décret du 8 août 1807.

Au Palais de Saint-Cloud, etc.

TITRE PREMIER.

Dispositions générales.

Art. 1er. Aucune représentation à bénéfice ne pourra avoir lieu que sur le théâtre même dont l'administration ou les entrepreneurs auront accordé le bénéfice de ladite représentation. Les acteurs des grands théâtres de Paris ne pourront jamais paraître, dans ces représentations, que sur le théâtre auquel ils appartiennent.

2. Les préfets, sous-préfets et maires, sont tenus de ne pas souffrir que, sous aucun prétexte, les acteurs des quatre grands théâtres de la capitale, qui auront obtenu un congé pour aller dans les départemens, y prolongent leur séjour au-delà du temps fixé par le congé; en cas de contravention, les directeurs des spectacles seront condamnés à verser à la caisse des pauvres le montant de la recette des représentations qui auront eu lieu après l'expiration du congé.

3. Aucune nouvelle salle de spectacle ne pourra être construite; aucun déplacement d'une troupe d'une salle

dans une autre, ne pourra avoir lieu dans notre bonne ville de Paris, sans une autorisation donnée par nous, sur le rapport de notre ministre de l'intérieur.

TITRE II.

Du nombre des théâtres et des règles auxquelles ils sont assujettis.

4. Le maximum du nombre des théâtres de notre bonne ville de Paris est fixé à huit ; en conséquence, sont seuls autorisés à ouvrir, afficher et représenter, indépendamment des quatre grands théâtres mentionnés en l'article 1er. du règlement de notre ministre de l'intérieur, en date du 25 avril dernier, les entrepreneurs ou administrateurs des quatre théâtres suivans :

1°. Le théâtre de la Gaieté, établi en 1760; celui de l'Ambigu-Comique, établi en 1772, boulevart du Temple; lesquels joueront concurremment des pièces du même genre désignées aux paragraphes 3 et 4 de l'article 3 du règlement de notre ministre de l'intérieur.

2°. Le théâtre des Variétés, boulevart Montmartre, établi en 1777, et le théâtre du Vaudeville, établi en 1792; lesquels joueront concurremment des pièces du même genre désignées aux paragraphes 3 et 4 de l'art. 3 du règlement de notre ministre de l'intérieur.

5. Tous les théâtres non autorisés par l'article précédent seront fermés avant le 15 août. En conséquence, on ne pourra représenter aucune pièce sur d'autres théâtres dans notre bonne ville de Paris, que ceux ci-dessus désignés, sous aucun prétexte, ni y admettre le public, même gratuitement, faire aucune affiche, distri-

buer aucun billet imprimé ou à la main, sous les peines portées par les lois et règlemens de police.

6. Le règlement susdaté, fait par notre ministre de l'intérieur, est approuvé, pour être exécuté dans toutes les dispositions auxquelles il n'est pas dérogé par notre présent décret.

7. Nos ministres de l'intérieur et de la police générale sont chargés de l'exécution du présent décret.

SURINTENDANCE DES GRANDS THÉATRES.

Décret, daté de Fontainebleau, le 1er. novembre 1807.

Art. 1er. Un officier de notre maison sera chargé de la surintendance des quatre grands théâtres de la capitale, sous le titre de surintendant des spectacles.

2. Les sociétaires du Théâtre Français, du théâtre Feydeau, et du théâtre de l'Odéon, ne pourront faire aucun changement à leurs statuts actuels qu'avec son autorisation.

3. Il prononcera sur toutes les difficultés qui viendraient à s'élever relativement à l'admission définitive des nouveaux sujets.

4. Les pensions, retraites, gratifications, seront accordées sur sa proposition.

5. Les répertoires proposés par les comités ou conseils des théâtres seront soumis à son approbation.

6. Le budget des dépenses de chaque théâtre lui sera soumis tous les ans avant le 1er. décembre, pour être présenté à notre approbation.

Les comptables de chaque théâtre rendront leurs

comptes de l'année précédente, au plus tard, au mois de février de l'année suivante; ces comptes seront présentés au surintendant.

7. Toute transaction qui viendrait à être passée par les théâtres ou par leurs agens pour eux, devra être approuvée par le surintendant.

De la discipline.

8. Aucun des sujets des quatre grands spectacles ne pourra quitter l'un ou l'autre de ces théâtres, sans la permission du surintendant.

9. Lorsqu'un sujet, ayant dix ans de service, aura réitéré pendant une année la demande de sa retraite, et qu'il déclarera qu'il est dans l'intention de ne plus jouer sur aucun théâtre, ni français ni étranger, sa retraite ne pourra lui être refusée.

10. Aucun sujet ne pourra s'absenter sans un congé du surintendant, qui ne pourra en accorder ni depuis le 1er. décembre jusqu'au 1er. mai, ni pour plus de deux mois.

11. La police, sur le personnel des théâtres, sera exercée à l'Académie de musique par le directeur, et dans les autres théâtres, par les personnes qui en ont été chargées jusqu'à ce jour.

12. Tout sujet qui aura fait manquer le service, soit en refusant, sans excuses jugées valables, de remplir un rôle dans son emploi, soit en ne se trouvant pas présent au moment indiqué pour son service, soit enfin par toute autre faute d'insubordination quelconque envers ses supérieurs, pourra être condamné, suivant la gravité des cas, ou à une amende, ou aux arrêts.

13. Les sujets qui seront mis aux arrêts ne pourront être conduits dans la maison de l'abbaye que sur l'autorisation du surintendant.

14. La durée des arrêts ne pourra être prolongée au-delà de huit jours, sans qu'il nous en soit rendu compte.

15. Tant que dureront les arrêts, tous appointemens et toute part quelconque dans les produits du spectacle, cesseront de courir au profit de celui qui sera détenu.

De l'administration de l'Académie de musique.

16. L'administration de l'Académie de musique sera composée d'un directeur, d'un administrateur comptable, et d'un inspecteur nommé par nous.

Il y aura un secrétaire général également nommé par nous.

Ils prêteront, entre les mains de notre ministre de l'intérieur, le serment de remplir avec fidélité leurs fonctions.

17. Le directeur sera chargé en chef de tout ce qui concerne l'administration et la direction. Il est le principal responsable et le supérieur immédiat de tous les artistes ; il nomme à tous les emplois et il donne les mandats pour tous les paiemens.

18. L'administrateur comptable sera subordonné au directeur, pour tout ce qui concerne l'exercice de ses fonctions, à l'exception néanmoins de ce qui regarde le budget, dont il est le gardien, et dont il ne peut dépasser les articles, sans compromettre sa responsabilité personnelle. Hors ce cas, il ne peut s'opposer à aucun paiement, sauf à faire insérer ses observations au pro-

cès verbal du conseil d'administration, dont il est parlé ci-après.

19 Il y aura un conseil d'administration, présidé par le directeur, et composé de l'administrateur comptable, de l'inspecteur, et de trois sujets de notre Académie de musique, les plus méritans par leur probité, leurs talens et leur esprit de conciliation, et désignés chaque année par le surintendant.

Le secrétaire général de l'administration tiendra la plume.

Ce conseil se réunira au moins une fois par semaine : le directeur pourra le convoquer, lorsqu'il le jugera convenable.

20. Les membres de ce conseil n'auront que voix consultative, la décision appartenant dans tous les cas au directeur. Mais chaque membre pourra faire ses observations, soit sur la police des théâtres, soit sur le choix des pièces, soit sur les abus qu'il croirait apercevoir dans la manutention des magasins ou dans la dépense, soit sur les moyens d'accroître les recettes et d'ajouter à l'éclat du spectacle.

Le secrétaire général sera tenu d'insérer ces observations au procès verbal, qui sera remis par le directeur au surintendant : le directeur pourra y joindre ses observations particulières.

21. Le budget des dépenses de chaque année, et les états à l'appui, seront rédigés au conseil d'administration, et présentés au surintendant avant le 1er. décembre, avec les observations, soit des membres du conseil, soit du directeur.

22. Tous les marchés seront portés à la connaissance du conseil d'administration.

23. Le répertoire sera arrêté au conseil d'administration les 14 et 30 de chaque mois, pour la quinzaine suivante.

S'il résulte du procès verbal qui sera adressé au surintendant des différences d'opinions sur la composition du répertoire, le surintendant pourra statuer définitivement.

24. Lorsque les pièces ou ballets nouveaux auront été admis par le juri, le devis de la dépense sera arrêté au conseil d'administration et présenté à notre approbation par le surintendant.

Il en sera de même pour les ouvrages qui seront remis au théâtre.

Le machiniste sera admis à la séance du conseil et interpelé de déclarer, sur sa responsabilité, si les décorations existantes en magasin peuvent ou ne peuvent point être employées, ou ne peuvent servir qu'en tel nombre, pour la pièce nouvelle ou remise.

25. Il sera nommé tous les ans une commission de notre conseil-d'état pour recevoir les comptes de l'opéra, et s'assurer que les budjets, devis et règlemens ont été exécutés.

Cette commission se fera remettre tous les six mois les états de recettes et de dépenses, et fera l'inspection de toutes les parties du service.

Dispositions générales.

26. Toutes les réserves de loges, entrées de faveur ou de bienveillance, billets *gratis* et facilités semblables sont

supprimés dans les quatre grands théâtres, sauf les entrées personnelles des auteurs, et l'exécution du concordat, en vertu duquel les sujets des grands théâtres ont respectivement leurs entrées dans des proportions déterminées entre eux.

27. Le surintendant fera les règlemens d'administration intérieure qu'il jugera nécessaires. Les règlemens qui concerneront les bases de l'association dans les théâtres organisés en société, seront soumis à notre approbation.

28. Les décrets et règlemens rendus jusqu'à ce jour pour l'administration des grands théâtres, sont maintenus en tout ce qui n'est pas contraire aux dispositions ci-dessus.

29. Notre ministre de l'intérieur est chargé de l'exécution du présent décret.

~~~~~~~~~~~~

Le ministre de l'intérieur, en interprétation du décret du 8 août 1807, arrête :

Art. 1ᵉʳ. L'article 5 du décret du 8 juin dernier n'est applicable aux cafés, guinguettes et autres lieux publics de ce genre, qu'autant qu'il y aurait de véritables théâtres élevés dans ces lieux, et qu'on y jouât des pièces dont l'action serait suivie, occupât plusieurs scènes, et exigeât plusieurs interlocuteurs.

2. En conséquence, les propriétaires de cafés, guinguettes et autres lieux publics, dans lesquels on était en usage de faire chanter un ou deux personnages dans un orchestre, et d'introduire un mime qui jouait seul ou avec un interlocuteur au plus, de petites scènes séparées, sont autorisés à continuer de donner ce genre de spec-

tacle, qui ne peut être, d'ailleurs, annoncé sur aucune affiche, pas même dans l'intérieur de l'établissement.

Fait à Paris, le 12 novembre 1807.

Le ministre,
Signé CRETET.

DROITS EN FAVEUR DE L'OPÉRA.

Décret du 13 août 1811.

Sur le rapport de la commission de notre conseil d'état chargée de l'examen des comptes de l'Académie de musique;

Notre conseil d'état entendu,

Nous avons décrété et décrétons ce qui suit :

SECTION Ire.

De la quotité du droit et de ceux qui devront l'acquitter.

Art. 1er. L'obligation à laquelle étaient assujettis les théâtres du second ordre, les petits théâtres, tous les cabinets de curiosités, machines, figures, animaux; toutes les joutes et jeux, et en général tous les spectacles de quelque genre qu'ils fussent, tous ceux qui donnaient des bals masqués ou des concerts dans notre bonne ville de Paris, de payer une redevance à notre Académie de musique, est rétablie, à compter du 1er. septembre prochain.

Les panorama, cosmorama, Tivoli et autres établissemens nouveaux, y sont de même assujettis, ainsi que le le Cirque olympique, comme *théâtre* où l'on joue des pantomimes.

Nos théâtres Français, de l'Opéra comique et de l'Odéon, sont exceptés de la disposition concernant les théâtres.

2. Ne sont pas compris dans l'obligation imposée à ceux qui donnent des bals, tous les bals et danses qui ont lieu hors des murs d'enceinte, ou dans les guinguettes des faubourgs, même dans l'enceinte des murs.

3. Cette redevance sera, pour les bals, concerts, fêtes champêtres de Tivoli et autres du même genre, du cinquième brut de la recette, déduction faite du droit des pauvres; et pour les théâtres et tous les autres spectacles ou établissemens, du vingtième de la recette, sous la même déduction (1).

SECTION II.

De l'abonnement.

4. Tous les individus soumis au paiement de la redevance, pourront faire un abonnement avec notre Académie de musique.

5. La quotité de cet abonnement sera discutée et consentie contradictoirement entre les redevables, d'une part, et le directeur de notre Académie de musique, conjointement avec l'administrateur comptable, d'autre part; il ne sera obligatoire qu'après l'approbation de notre surintendant des théâtres.

6. Il sera payable par douzième et par mois.

7. Il aura lieu pour trois ans au plus, pour un an au

---

(1) Par un décret de 1813 l'établissement de *Tivoli* a été descendu au dixième au lieu du cinquième brut.

moins, pour les théâtres; et pour les autres établissemens par mois, et même par représentation, ou par jour d'ouverture de fête, bal ou concert.

Du paiement quand il n'y aura pas d'abonnement.

8. Le paiement, quand il n'y aura pas d'abonnement, se fera par douzième et par mois, pour les théâtres; pour les autres établissemens débiteurs, il pourra être exigé par semaine, et même par jour, selon le cas.

9. Le directeur de notre Académie de musique se concertera avec la régie du droit des pauvres pour rendre commune la surveillance qu'elle exerce, et il nommera les employés nécessaires pour assurer la perception et opérer le recouvrement.

En cas de contestation, elle sera portée devant les tribunaux, et jugée sommairement à la chambre du conseil, comme il est dit à l'article suivant (1).

Des poursuites.

10. L'administrateur comptable de notre Académie de musique, en cas de retard de paiement pour dette non contestée, dressera, sur les états arrêtés par le directeur, une contrainte, qui sera rendue exécutoire, s'il y a lieu, par le préfet du département; et, en cas de contestation sur l'exécution, elle sera portée devant nos cours et tribunaux, et jugée, comme affaire sommaire, à la chambre du conseil, sur simples mémoires, nos gens du parquet entendus.

---

(1) La perception du droit de l'Opéra est faite par le régisseur du droit des pauvres (M. du Bief).

SECTION III.

Dispositions générales.

11. Aucun concert ne sera donné sans que le jour ait été fixé par le surintendant de nos théâtres, après avoir pris l'avis du directeur de notre Académie de musique.

12. Toute contravention au présent décret, en ce qui touchera l'ouverture d'un théâtre ou spectacle sans déclaration ou permission, sera poursuivie devant nos cours et tribunaux par voie de police correctionnelle, et punie des peines portées à l'article 410 du Code pénal, paragraphe premier.

13. Nos procureurs près nos cours et tribunaux sont chargés d'y tenir la main, et de faire, même d'office, toutes les poursuites nécessaires, selon le cas.

14. Notre grand juge ministre de la justice, et nos ministres de l'intérieur et de la police générale sont chargés, chacun en ce qui le concerne, de l'exécution du présent décret, qui sera inséré au Bulletin des lois.

Nota. Ces redevances existaient avant la révolution. Dans un article inséré au Journal de Paris, le 13 septembre 1811, on voit qu'autrefois il y avait en général des abonnemens pour les droits, et que la Comédie Italienne payait, par an. . . . . 40,000 fr.

Les Variétés amusantes. 40,000
L'Ambigu comique. 30,000
Nicolet. 24,000
Le Concert spirituel. 8,000
Curtius. 300
Les Associés. 600

Séraphin, par mois.	24
Amphithéâtre d'Asthley, par représentation.	60
Ruggieri par jour d'ouverture.	72
Le Vaux-Hall, *idem*.	48
Les Beaujolais par représentation.	48

Aujourd'hui on se demande s'il ne faudrait pas une loi pour autoriser la perception de ce droit, qui n'est autre chose qu'un imposition indirecte.

PRÉFECTURE DE POLICE.

Ordonnance concernant la police extérieure et intérieure des spectacles.

Paris, le 27 décembre 1811.

Vu les articles 2, 12 et 36 de l'arrêté du gouvernement du 12 messidor an 8.

Ordonnons ce qui suit :

Art. 1er. Nul théâtre ne peut être ouvert dans la ville de Paris sans que les entrepreneurs aient rempli préalablement les formalités et se soient muni des autorisations voulues par les lois et les décrets.

2. L'ouverture d'un théâtre ne peut avoir lieu qu'après qu'il a été constaté que la salle est solidement construite, que les précautions relatives aux incendies et ordonnées par l'arrêté du gouvernement du 1er. germinal an 7, ont été prises, et qu'il ne se trouve rien sous les péristyles et vestibules qui puisse en aucune manière gêner la circulation.

3. Tout spectacle actuellement ouvert ou qui pourrait

l'être par la suite, sera fermé à l'instant, si les entrepreneurs, au mépris de l'arrêté précité, négligent *un seul jour* d'entretenir les réservoirs pleins d'eau, les pompes en état, et de surveiller les personnes qui doivent constamment être prêtes à porter des secours.

4. Les entrepreneurs de spectacle ne peuvent faire distribuer un nombre de billets excédant celui des individus que leurs salles peuvent contenir.

5. Il est enjoint aux entrepreneurs de faire fermer exactement, pendant toute la durée du spectacle, les portes de communication de la salle aux coulisses, aux foyers particuliers et aux loges des artistes, où il ne doit être admis aucune personne étrangère au service du théâtre.

6. Il leur est pareillement enjoint de faire ouvrir, à la fin du spectacle, toutes les portes pour faciliter la prompte sortie du public.

7. Il ne peut être annoncé dans l'intérieur des salles de spectacle, par les libraires ou leurs commissionnaires, d'autres ouvrages que des pièces de théâtre.

8. Il est défendu de s'arrêter dans les péristyles et vestibules servant d'entrée aux théâtres. (*Ordonnance du 24 décembre 1769.*)

9. Il est expressément défendu à quelque personne que ce soit de *revendre* au public des billets pris aux bureaux, ou d'en *vendre* qui proviendraient d'aucune autre source.

10. Il est défendu de parler et de circuler dans les corridors pendant la représentation, de manière à troubler l'ordre.

11. Il est également défendu de troubler la tran-

quillité des spectateurs, soit par des clameurs, soit par des applaudissemens ou des signes d'improbation avant que la toile soit levée, ni pendant les entr'actes.

12. Nul ne peut avoir le chapeau sur la tête lorsque la toile est levée.

13. Dans les grands théâtres, pendant toute la durée du spectacle, nul ne peut, une fois que la toile aura été levée, avoir le chapeau sur la tête.

14. Il ne peut y avoir, pour le service public, à l'entrée des théâtres que des commissionnaires reconnus par la police.

Ils portent ostensiblement une plaque de cuivre, sur laquelle sont gravés le numéro de leur permission, et le nom du théâtre auquel ils sont attachés.

15. Les voitures ne peuvent arriver aux différens théâtres que par les rues désignées dans les consignes.

Il est expressément défendu aux cochers de quitter, sous quelque prétexte que ce soit, les rênes de leurs chevaux pendant que descendent ou remontent les personnes qu'ils ont amenées.

16. Les voitures particulières destinées à attendre jusqu'à la fin du spectacle doivent aller se placer dans les lieux désignés à cet effet.

17. A la sortie du spectacle, les voitures qui auront attendu ne peuvent se mettre en mouvement que quand la première foule est écoulée.

18. Les voitures de place ne peuvent charger qu'après le défilé des autres voitures.

19. Aucune voiture ne doit aller plus vite qu'au pas, et sur une seule file, jusqu'à ce qu'elle soit sortie des rues environnant le spectacle.

20. Il doit y avoir dans chaque théâtre un corps-de-garde et un bureau pour les officiers de police.

21. Il ne peut y avoir au spectacle qu'une garde extérieure (*Loi du 10 janvier 1791*).

22. La garde ne pénètre dans l'intérieur des salles que dans le cas où la sûreté publique serait compromise, et sur la réquisiton de l'officier de police.

23. Tout particulier est tenu d'obéir provisoirement à l'officier de police (*Loi précitée*).

En conséquence, tout particulier invité ou sommé par lui de sortir de l'intérieur de la salle, doit se rendre sur-le-champ au bureau de police pour y donner les explications qui pourraient lui être demandées.

24. Tout individu arrêté, soit à la porte du théâtre, soit dans l'intérieur de la salle, doit être conduit au bureau de l'officier de police qui, *seul*, peut prononcer son renvoi devant l'autorité compétente, ou provisoirement sa mise en liberté.

25. Il sera pris envers les contrevenans aux dispositions ci-dessus, telles mesures de police administrative qu'il appartiendra, sans préjudice des poursuites à exercer contre eux par-devant les tribunaux, conformément aux lois et règlemens de police.

26. La présente ordonnance sera imprimée, affichée dans Paris, et particulièrement à l'extérieur et dans l'intérieur des théâtres.

Les commissaires de police, l'inspecteur général de police, les officiers de paix et les préposés de la préfecture sont chargés, chacun en ce qui le concerne, de tenir la main à son exécution.

Décret sur la surveillance, l'organisation, l'administration, la comptabilité, la police et discipline du Théâtre Français.

Moscou, le 15 octobre 1813.

TITRE Ier.

De la direction et surveillance du Théâtre Français.

Art. Ier. Le Théâtre Français continuera d'être placé sous la surveillance et la direction du surintendant de nos spectacles.

2. Un commissaire, nommé par nous, sera chargé de transmettre aux comédiens les ordres du surintendant. Il surveillera toutes les parties de l'administration et de la comptabilité.

3. Il sera chargé, sous sa responsabilité, de faire exécuter, dans toutes leurs dispositions, les réglemens et les ordres de service du surintendant.

A cet effet, il donnera personnellement tous les ordres nécessaires.

4. En cas d'inexécution ou de violation des règlemens, il en dressera procès verbal, et le remettra au surintendant.

TITRE II.

De l'association du Théâtre Français.

SECTION Ire

De la division en parts.

5. Les comédiens de notre Théâtre Français continueront d'être réunis en société, laquelle sera administrée selon les règles ci-après.

6. Le produit des recettes, tous les frais et dépenses prélevés, sera divisé en vingt-quatre parts.

7. Une de ces parts sera mise en réserve pour être affectée, par le surintendant, aux besoins imprévus. Si elle n'est pas employée en entier, le surplus sera distribué à la fin de l'année aux sociétaires.

8. Une demi-part sera mise en réserve pour augmenter le fonds des pensions de la société.

9. Une demi-part sera employée annuellement en décorations, ameublemens, costumes du magasin, réparations des loges et entretien de la salle, d'après les ordres du surintendant. Les réserves ordonnées par les articles 7, 8 et 9, n'auront lieu que successivement et à mesure des vacances.

10. Les vingt-deux parts restantes continueront d'être réparties entre les comédiens sociétaires, depuis un huitième de part jusqu'à une part entière, qui sera le *maximum*.

11. Les parts ou portions de parts vacantes seront accordées ou distribuées par le surintendant de nos spectacles.

SECTION II.

Des pensions et retraites.

§I*er*. *Du temps nécessaire pour obtenir la pension, et de sa quotité.*

12. Tout sociétaire qui sera reçu, contractera l'engagement de jouer pendant vingt ans; et après vingt ans de services non interrompus, il pourra prendre sa retraite, à moins que le surintendant ne juge à propos de le retenir.

Les vingt ans dateront du jour des débuts, lorsqu'ils auront été immédiatement suivis de l'admission à l'essai et ensuite dans la société.

13. Le sociétaire qui se retirera après vingt ans, aura droit, 1°. à une pension viagère de 2,000 francs, sur les fonds affectés au Théâtre Français par le décret du 13 messidor an 10 ; 2°. à une pension de pareille somme sur ledit fonds de la société.

14. Si le surintendant juge convenable de prolonger le service d'un sociétaire au-delà de vingt ans, il sera ajouté, quand il se retirera, 100 francs de plus par an à chacune des pensions dont il est parlé à l'article précédent.

15. Un sociétaire qu'un accident ayant pour cause immédiate le service de notre Théâtre Français ou des théâtres de nos palais, obligerait de se retirer avant d'avoir accompli ses vingt ans, recevra en entier les pensions fixées par l'article 13.

16. En cas d'incapacité de servir, provenant d'une autre cause que celle énoncée en l'article 15, le sociétaire pourra même, avant ses vingt ans de service, être mis en retraite par ordre du surintendant.

En ce cas, et s'il a plus de dix ans de service, il aura droit à une pension sur les fonds du gouvernement, et une sur les fonds des sociétaires : chacune de ces pensions sera de 100 francs par année de service, s'il était à part entière, de 75 francs s'il était à trois quarts de parts, et ainsi dans la proportion de sa part dans les bénifices de la société.

17. Si le sociétaire a moins de dix ans de service, le **surintendant pourra nous proposer la pension qu'il croira**

TITRE III.

Section I.re

De l'administration des intérêts de la société.

30. Un comité composé de six hommes membres de la société, présidé par le commissaire du gouvernement, et ayant un secrétaire pour tenir le registre des délibérations, sera chargé de la régie et administration des intérêts de la société.

Le surintendant nommera, chaque année, les membres de ce comité.

Ils seront indéfiniment rééligibles.

Trois de ses membres seront chargés de l'expédition de ses résolutions.

31. Le surintendant pourra les révoquer et remplacer à volonté.

32. Les fonctions de ce comité seront particulièrement :

1°. De dresser, chaque année, le budget ou état présumé des dépenses de tous genres, de le soumettre à l'examen de l'assemblée générale des sociétaires et à l'approbation du surintendant ;

2°. D'ordonner et faire acquitter, dans les limites portées au budget pour chaque nature de dépenses, celles qui seront nécessaires pour toutes les parties du service ; à l'effet de quoi un de ses membres sera préposé à la signature des ordres de fournitures ou de travail, et des mandats de paiement ;

3°. De la passation de tous marchés, obligations pour le service, ou actes pour la société ;

4°. D'inspecter, régler et ordonner dans toutes les parties de la salle, du théâtre, des magasins, etc.;

5°. De vérifier les recettes, d'inspecter la caisse et de faire effectuer le paiement des parts, traitemens, pensions ou sommes mises en réserve selon le présent règlement;

6°. D'exercer pour tous recouvremens, ou en tout autre cas, tant en demandant qu'en défendant, toutes les actions et droits de la société, après avoir toutefois pris l'avis de l'assemblée générale et l'autorisation du surintendant.

SECTION II.

Des dépenses, paiemens, et de la comptabilité.

33. Le caissier sera nommé par le comité, et soumis à l'approbation du surintendant.

Il fournira en immeubles un cautionnement de 60,000 francs, dont les titres seront vérifiés par le notaire du théâtre, qui fera faire tous les actes conservatoires au nom de la société.

34. A la fin de chaque mois, les états de recette et dépense seront arrêtés par le comité, et approuvés par le commissaire du gouvernement.

35. D'après cet arrêté et cette approbation, seront prélevés sur la recette, d'abord les droits d'auteur, ensuite toutes les dépenses, 1°. pour appointemens d'acteurs, traitemens d'employés ou gagistes; 2°. la somme prescrite pour le fonds des pensions de la société; 3°. le montant des mémoires, tant pour dépenses courantes que fournitures extraordinaires.

36. Le reste sera partagé conformément aux articles 6, 7, 8, 9 et 10.

37. Le caissier touchera, tous les trois mois, à la caisse d'amortissement, le quart des cent mille francs de rentes affectés au Théâtre Français, et soldera, avec ces vingt-cinq mille francs, et, au besoin, avec le produit de la part dont il est parlé à l'article 7, sur des états dressés par le commissaire du gouvernement et arrêtés par le surintendant, 1°. les pensions des acteurs retirés ou autres pensionnaires; 2°. les indemnités pour supplément d'appointemens accordées aux acteurs; 3°. le traitement du commissaire; 4°. le loyer de la salle.

38. A la fin de chaque année, le caissier dressera le compte des recettes et dépenses, pour les fonds de la société.

39. Ce compte sera remis au comité, qui l'examinera et donnera son avis.

Il sera présenté ensuite à l'assemblée générale des sociétaires, qui pourra nommer une commission de trois de ses membres, pour le revoir, et y faire des observations, s'il y a lieu, dans une autre assemblée générale.

Enfin le compte sera soumis au surintendant, qui l'approuvera s'il y a lieu.

40. Le caissier dressera également le compte des cent mille francs accordés par le gouvernement, et des parts mises à la disposition du surintendant. Ce compte sera visé par le commissaire, et arrêté par le surintendant.

41. Sur la part réservée aux besoins imprévus, il pourra être accordé par le surintendant, aux acteurs ou actrices qui se trouveraient chargés de dépenses trop considérables de costumes ou de toilette, une autori-

sation pour se faire faire par le magasin les habits pour jouer un ou plusieurs rôles.

Section III.

Des assemblées générales.

42. L'assembée générale de tous les sociétaires est convoquée nécessairement par le comité, et a lieu pour les objets suivans :

1°. Au plus tard dans la première semaine du dernier mois de l'année pour examiner et donner son avis sur le budjet de l'année suivante, conformément au paragraphe 1er. de l'article 32 ;

2°. Au plus tard dans la dernière semaine du dernier mois de chaque année, pour examiner le compte de l'année précédente, et ensuite pour entendre le rapport de la commission, s'il y en a eu une de nommée.

43. L'assemblée générale doit, en outre, être convoquée par le comité, toutes les fois qu'il y a lieu à placement de fonds, actions à soutenir, en défendant ou demandant, dépenses à faire excédant celles autorisées par le budjet ; cas auxquels l'assemblée générale doit donner son avis, après quoi le surintendant décide, après avoir vu l'avis du conseil dont il est parlé au titre VII.

44. L'assemblée générale peut, au surplus, être convoquée par ordre du surintendant, quand il juge nécessaire de la consulter, ou avec son autorisation, si le comité la demande, pour tous les cas extraordinaires et imprévus.

TITRE IV.

De l'administration théâtrale.

Section Ire.

Disposition générale.

45. Le comité établi par l'article 30 sera également chargé de tout ce qui concerne l'administration théâtrale, la formation des répertoires, l'exécution des ordres de début, la réception des pièces nouvelles, sous la surveillance du commissaire du gouvernement et sous l'autorité du surintendant.

Section III.

Des répertoires.

§ Ier. *De la distribution des emplois.*

46. Le surintendant déterminera, aussitôt la publication du présent règlement, la distribution exacte des différens emplois.

Il fera dresser en conséquence un état général de toutes les pièces, soit sues, soit à remettre, avec les noms des acteurs et actrices sociétaires qui doivent jouer en premier, en double et en troisième, les rôles de chacune de ces pièces, selon leur emploi et leur ancienneté, afin qu'il n'y ait plus aucune contestation à cet égard.

47. Nul acteur ou actrice ne pourra tenir en premier deux emplois différens, sans une autorisation spéciale du surintendant, qui ne l'accordera que rarement, et pour de puissans motifs.

48. Si un acteur ou actrice tenant un emploi en chef veut jouer dans un autre; par exemple, si, tenant un emploi tragique, il veut jouer dans la comédie, ou si, jouant les rôles de jeune premier, il veut jouer un autre emploi, il ne pourra primer celui qui tenait l'emploi en chef auparavant; mais il tiendra ledit emploi en second, quand même il serait plus ancien que son camarade.

Notre surintendant pourra seulement l'autoriser à jouer les rôles du nouvel emploi qu'il voudra prendre, alternativement avec celui qui les jouait en chef ou en premier.

§ II. *De la formation du répertoire.*

49. Le répertoire sera formé dans le comité établi par l'article 30, auquel seront adjointes, pour cet objet seulement, deux femmes sociétaires, conformément à l'arrêt du conseil du 9 décembre 1780.

50. Les répertoires seront faits de manière que chaque rôle ait un second ou double désigné, qui puisse jouer à défaut de l'acteur en premier, s'il a des excuses valables, et sans que, pour cause de l'absence d'un ou plusieurs acteurs en premier, la pièce puisse être changée ou sa représentation retardée.

51. Pour veiller à l'exécution du répertoire, deux sociétaires seront adjoints au comité sous le titre de *semainiers;* chaque sociétaire sera semainier à son tour.

52. Si un double étant chargé d'un rôle par le répertoire, tombe malade, le chef se portant bien, sera tenu de le jouer, sur l'avis que lui en donnera le semainier.

53. Un acteur en chef ne pourra refuser de jouer ni abandonner tout-à-fait à son double aucun des premiers

rôles de son emploi; il les jouera, bons ou mauvais, quand il sera appelé par le répertoire.

54. Aucun acteur en chef ne pourra se réserver un ou plusieurs rôles de son emploi. Le comité prendra les mesures nécessaires pour que les doubles soient entendus par le public dans les principaux rôles de leurs emplois respectifs trois ou quatre fois par mois.

Il veillera également à ce que les acteurs à l'essai soient mis à portée d'exercer leurs talens et de faire juger leurs progrès.

Les acteurs jouant les rôles en second pourront réclamer en cas d'inexécution du présent article; et le surintendant donnera des ordres sans délai pour que le comité s'y conforme, sous peine, envers l'acteur en chef opposant et chacun des membres du comité qui n'y auront pas pourvu, d'une amende de 300 francs.

Notre commissaire près le théâtre sera responsable de l'inexécution du présent article, s'il n'a dressé procès verbal des contraventions, à l'effet d'y faire pouvoir par le surintendant, et de faire payer les amendes.

55. Nos comédiens seront tenus de mettre tous les mois en grand ouvrage ou du moins deux petits ouvrages nouveaux ou remis.

Dans le nombre de ces pièces seront des pièces d'auteurs vivans.

Il est enjoint au comité et au surintendant de tenir la main à l'exécution de cet article.

56. Les assemblées des samedis de chaque semaine continueront d'avoir lieu, et tous les acteurs seront tenus de s'y trouver pour prendre communication du répertoire.

Il continuera d'être délivré des jetons aux acteurs présens.

57. Tous acteurs ou actrices pourront faire des observations, et demander des changemens au répertoire pour des motifs valables, sur lesquels il sera statué provisoirement par le commissaire, et définitivement par le surintendant.

58. Le répertoire se fera pour quinze jours. Il en sera envoyé copie au préfet de police.

Le samedi d'après, se fera celui de la semaine suivante, et ainsi successivement.

59. Quand le répertoire aura été réglé, chacun sera tenu de jouer le rôle pour lequel il aura été inscrit, à moins de causes légitimes approuvées par le comité, par le commissaire, et dont il sera rendu compte au surintendant, sous peine de 150 fr. d'amende.

60. Si un acteur, ayant fait changer la représentation pour cause de maladie, est aperçu dans une promenade, un spectacle, ou s'il sort de chez lui, il sera mis à une amende de 300 francs.

SECTION III.
Des débuts.

61. Le surintendant donnera seul les ordres de débuts sur notre Théâtre Français. Les débuts n'auront pas lieu du 1er. novembre jusqu'au 15 avril.

62. Ces ordres seront présentés au comité, qui sera tenu de les enregistrer, et de mettre au premier répertoire les trois pièces que les débutans demanderont.

63. Le surintendant pourra appeler pour débuter les élèves de notre conservatoire, ceux de maîtres particu-

liers, ou les acteurs des autres théâtres de notre empire; auquel cas, leurs engagemens seront suspendus et rompus, s'ils sont admis à l'essai.

64. Les acteurs et actrices qui auront des rôles dans ces pièces ne pourront refuser de les jouer, sous peine de 150 francs d'amende.

65. On sera obligé indispensablement à une répétition entière pour chaque pièce où les débutans devront jouer, sous peine de 25 francs d'amende pour chaque absent.

66. Le comité proposera ensuite d'autres rôles à jouer par le débutant, et le surintendant en déterminera trois que le débutant sera tenu de jouer après des répétitions particulières et une répétition générale, comme il est dit à l'article 65.

67. Les débutans qui auront eu des succès et annoncé des talens seront reçus à l'essai au moins pour un an, et ensuite comme sociétaires par le surintendant, selon qu'il le jugera convenable.

TITRE V.

Des pièces nouvelles et des auteurs.

68. La lecture des pièces nouvelles se fera devant un comité composé de neuf personnes choisies parmi les plus anciens sociétaires, par le surintendant, qui nommera en outre trois suppléans pour que le nombre des membres du comité soit toujours complet.

69. L'admission a lieu à la pluralité absolue des voix.

70. Si une partie des voix est pour le renvoi à correction, on refait un tour de scrutin sur la question du renvoi, et on vote pour oui ou non.

71. S'il n'y a que quatre voix pour le renvoi à correction, la pièce est reçue.

72. La part d'auteur dans le produit des recettes, le tiers prélevé pour les frais, est du huitième pour une pièce en cinq ou en quatre actes, du douzième pour une pièce en trois actes, et du seizième pour une pièce en un et en deux actes : cependant les auteurs et les comédiens peuvent faire toute autre convention de gré à gré.

73. L'auteur jouit de ses entrées, du moment où sa pièce est mise en répétition, et les conserve trois ans après la première représentation, pour un ouvrage en cinq et en quatre actes, deux ans pour un ouvrage en trois actes, un an pour une pièce en un et deux actes. L'auteur de deux pièces en cinq ou en quatre actes, ou de trois pièces en trois actes, ou de quatre pièces en un acte restées au théâtre, a ses entrées sa vie durant.

TITRE VI.

De la police.

74. La présidence et la police des assemblées, soit générales, soit des divers comités, sont exercées par le commissaire du gouvernement.

75. Tout sujet qui manque à la subordination envers ses supérieurs, qui, sans excuses jugées valables, fait changer le spectacle indiqué sur le répertoire, ou refuse de jouer, soit un rôle de son emploi, soit tout autre rôle qui peut lui être distribué pour le service des théâtres de nos palais, ou qui fait manquer le service en ne se trouvant pas à son poste aux heures fixées, est con-

damné, suivant la gravité des cas, à l'une des peines suivantes.

76. Ces peines sont les amendes, l'exclusion des assemblées générales des sociétaires et du comité d'administration, l'expulsion momentanée ou définitive du théâtre, la perte de la pension et les arrêts.

77. Les amendes au-dessus de vingt-cinq francs sont prononcées par le comité, présidé par le commissaire du gouvernement.

L'exclusion des assemblées générales et du comité d'administration peut l'être de la même manière ; mais le commissaire du gouvernement est tenu de rendre compte des motifs au surintendant.

Le commissaire du gouvernement qui aura requis le comité d'infliger une peine, en instruira, en cas de refus, le surintendant, qui prononcera.

78. Les amendes au-dessous de vingt-cinq francs et les autres punitions sont infligées par le surintendant, sur le rapport motivé du commissaire du gouvernement.

L'expulsion définitive n'aura lieu que dans les cas graves, et après avoir pris l'avis du comité.

79. Aucun sujet ne peut s'absenter sans la permission du surintendant.

80. Les congés sont délivrés par le surintendant, qui n'en peut pas accorder plus de deux à la fois ni pour plus de deux mois : ils ne peuvent avoir lieu que depuis le premier mai jusqu'au premier novembre.

81. Tout sujet qui, ayant obtenu un congé, en outrepasse le terme, paie une amende égale au produit de sa part, pendant tout le temps qu'il aura été absent du théâtre.

82. Lorsqu'un sujet, après dix années de service, aura réitéré pendant une année la demande de sa retraite, et qu'il déclarera qu'il est dans l'intention de ne plus jouer sur aucun théâtre, ni français, ni étranger, sa retraite ne pourra lui être refusée ; mais il n'aura droit à aucune pension, ni à retirer sa part du fonds annuel de 50,000 francs.

TITRE VII.

Dispositions générales.

83. Les comédiens français ne pourront se dispenser de donner tous les jours spectacle, sans une autorisation spéciale du surintendant, sous peine de payer, pour chaque clôture, une somme de cinq cents francs, qui sera versée dans la caisse des pauvres à la diligence du préfet de police.

84. Tout sociétaire ayant trente années de service effectif, pourra obtenir une représentation à son bénéfice lors de sa retraite : cette représentation ne pourra avoir lieu que sur le Théâtre Français, conformément à notre décret du 29 juillet 1817.

85. Tout sujet retiré du Théâtre Français ne pourra reparaître sur aucun théâtre, soit de Paris, soit des départemens, sans la permission du surintendant.

86. Toutes les affaires contentieuses seront soumises à l'examen d'un conseil de jurisconsultes ; et on ne pourra faire aucune poursuite judiciaire au nom de la société sans avoir pris l'avis du conseil.

Ce conseil restera composé ainsi qu'il l'est aujourd'hui, et sera réduit à l'avenir, par mort ou démission, au nombre de trois jurisconsultes, deux avoués, et au notaire du théâtre.

En cas de vacance, la nomination se fera par le comité, avec l'agrément du surintendant.

87. Le surintendant fera les règlemens qu'il jugera nécessaires pour toutes les parties de l'administration intérieure.

88. Les décrets des 29 juillet et 1er. novembre 1807 sont maintenus en tout ce qui n'est pas contraire aux dispositions ci-dessus.

TITRE VIII.

Des élèves du Théâtre Français.

§. 1er. *Nombre, nomination, instruction et entretien des élèves.*

89. Il y aura, à notre conservatoire impérial dix-huit élèves pour notre Théâtre Français, neuf de chaque sexe.

90. Ils seront désignés par notre ministre de l'intérieur. Ils seront âgés au moins de quinze ans.

91. Ils seront traités au conservatoire comme les autres pensionnaires qui y sont admis pour le chant et la tragédie lyrique.

92. Ils pourront suivre les classes de musique; mais ils seront plus spécialement appliqués à l'art de la déclamation, et suivront exactement les cours des professeurs, selon le genre auquel ils seront désignés.

93. A cet effet, indépendamment des professeurs, il y aura pour l'art dramatique deux répétiteurs d'un genre différent, lesquels feront répéter et travailler les élèves chaque jour, dans les intervalles des classes, à des heures qui seront fixées.

94. Il y aura, en outre, un professeur de grammaire, d'histoire et de mythologie appliquées à l'art dramatique, lequel enseignera spécialement les élèves destinés au Théâtre Français.

95. Les élèves seront examinés tous les ans par les professeurs et le directeur du conservatoire; et il sera rendu compte du résultat à notre ministre de l'intérieur et au surintendant des théâtres.

96. Les élèves qui ne donneraient pas d'espérances ne continueront pas leurs cours, et ils seront remplacés.

97. Ceux qui ne seraient pas encore capables de débuter sur notre Théâtre Français pourront, avec la permission du surintendant, s'engager pour un temps au théâtre de l'Odéon, ou dans les troupes des départemens.

98. Ceux qui sont jugés capables de débuter pourront recevoir du surintendant un ordre de début, et être, selon leurs moyens, mis à l'essai au moins pendant un an, et ensuite admis comme sociétaires comme il est dit art. 67, ou autorisés par lui à s'engager pour d'autres théâtres, comme il est dit à l'article précédent.

II. *Des dépenses pour les élèves de l'art dramatique.*

99. La dépense pour chacun des élèves est fixée à 1100 francs;

Le traitement pour chacun des répétiteurs, à 2000 fr.

Le traitement du professeur, à 3000 francs.

100. En conséquence, notre ministre de l'intérieur disposera, sur le fonds des dépenses imprévues de son ministère, d'une somme de 26,800 francs en sus de celle allouée pour notre conservatoire de musique.

101. Nos ministres de l'intérieur, de la police, des finan-

ces, du trésor, et le surintendant de nos spectacles, sont chargés, chacun en ce qui le concerne, de l'exécution du présent décret, qui sera inséré au bulletin des lois.

THÉATRES.

Projet de répartition en janvier 1814.

	Par mois.	c.	Par année.
Opéra.	60,000 fr.		720,000 fr.
Opéra-Comique.	8,000		96,000
Opéra Italien.	18,333	33	220,000
Odéon.	2,000		24,000
Au surintendant des spectacles.	2,000		24,000
Au grand maréchal. pour aumônes.	10,000		120,000
pour gratificat.	10,000		120,000
A Talma.	1,500		18,000
A Fleury.	300		3,600
A Melle. Raucourt.	300		3,600
A Melle. Duchesnois.	150		1,800
A Melle. George.	150		1,800
A Lafond.	150		1,800
A Melle. Mars.	300		3,600
A Damas.	150		1,800
A Thénard.	150		1,800
A Lays.	300		3,600
A Mme. Branchu.	250		3,000
A Vestris.	200		2,400
A madame Gardel.	500		6,000
A Melle. Clotilde.	200		2,400
			659,200

Report.			659,200
A M. Bigottini.	200		2,400
A M. Persuis.	200		2,400
A Mlle. Regnault.	166	66	2,000
A Madame Gavaudan.	166	66	2,000
A Madame Duret.	100		1,200
A Chenard.	166	66	2,000
A Gavaudan.	166	66	2,000
A Crivelli.	200		2,400
A Paër.	1,000		12,000
A Bonnemer, caissier.	300		3,600
Pour voyages, gratifications, et traitemens extraordinaires.			388,800
			1,080,000

Le Théâtre Français jouissait et jouit encore d'une *rente* de 100,000 fr.

Instruction sur les Théâtres.

Mai 1815.

1. La France est divisée en vingt-cinq arrondissemens de théâtres.

2. Chaque arrondissement comprend un ou plusieurs départemens, selon que ceux-ci ont plus ou moins de villes susceptibles d'avoir du spectacle.

3. Les arrondissemens peuvent avoir deux espèces de directeurs :

Des directeurs de troupes stationnaires pour les villes qui ont des spectacles permanens ;

Des directeurs de troupes ambulantes pour desservir les communes qui ne pourraient avoir un spectacle à l'année.

4. Les directeurs de troupes stationnaires sont désignés par les préfets, et nommés par le ministre de l'intérieur.

5. Les directeurs de troupes ambulantes sont choisis par le ministre, d'après les notes qui lui sont directement parvenues ou qui lui ont été remises par les préfets.

6. Les seuls directeurs nommés suivant ces formalités peuvent entretenir des troupes de comédiens.

7. Tout particulier qui se présente pour obtenir une direction, doit faire preuve de ses moyens pour soutenir une entreprise théâtrale.

Les directeurs peuvent être astreints à fournir un cautionnement en immeubles.

8. Les directions de théâtres permanens sont accordées pour une, deux, trois, ou même un plus grand nombre d'années, selon que le proposent les préfets, et que le ministre le juge convenable.

9. Les directions de troupes ambulantes ne peuvent être accordées que pour trois ans au plus.

10. Dès qu'un directeur de théâtre a reçu son brevet du ministre de l'intérieur, il doit, avant d'entrer en exercice, aller prendre les ordres du ministre de la police générale, à qui il est fait part de sa nomination.

11. Tout directeur, dans le mois de sa nomination, et chaque année dans le mois qui précède l'ouverture de la campagne, doit envoyer au ministre de l'intérieur le tableau de ses acteurs et actrices.

Il peut avoir une troupe composée de comédie et

d'opéra, ou deux troupes, l'une de comédie, et l'autres d'opéra.

Il ne doit engager ou faire engager aucun acteur que sur le vu d'un congé délivré par le directeur dont cet artiste quitte la troupe, et avoir soin, lui ou son agent, de garder le congé par-devers soi.

12. Il doit soumettre, tous les ans, son répertoire général au ministre de l'intérieur.

Aucune pièce ne doit, au surplus, être portée par un directeur sur son répertoire, qu'avec l'autorisation du ministre de la police.

13. Le ministre de l'intérieur assigne à chaque théâtre le genre dans lequel il doit se renfermer.

Dans les villes où il n'y a qu'un seul théâtre permanent, et dans les communes desservies par une troupe ambulante, les directeurs peuvent faire jouer les pièces des grands théâtres de Paris et celles des théâtres secondaires.

14. Dans les villes où il y a deux théâtres (et il ne peut y en avoir davantage, excepté à Paris), le *principal théâtre* jouit du droit de représenter les pièces comprises dans le répertoire des grands théâtres de Paris.

Le *second théâtre* jouit du droit de représenter les pièces du répertoire des théâtres secondaires.

Les préfets peuvent, au reste, et lorsqu'ils le jugent à propos, autoriser les directeurs des *principaux théâtres* à donner des pièces du répertoire des théâtres secondaires, et également, en de certains cas, permettre aux *seconds théâtres* de représenter des ouvrages du répertoire des grands théâtres.

15. Les directeurs des troupes ambulantes soumettent

leur itinéraire au ministre, qui l'arrête, après l'avoir modifié, s'il y a lieu, et l'envoie aux préfets, pour que l'ordre, une fois établi, soit maintenu pour le temps de la durée du brevet.

16. Les directeurs ne peuvent, en aucune manière, avoir de sous-traitans; ils sont tenus d'être eux-mêmes à la tête de la troupe qui dessert l'arrondissement. Quand ils ont deux troupes, ils conduisent la principale d'entre elles, et choisissent pour la seconde un régisseur dont ils font connaître le nom au ministre, et dont ils répondent.

17. Les préfets des départemens dans lesquels il y a des théâtres permanens, rendent comptent, tous les trois mois, de la conduite des directeurs.

Ils rendent compte de la conduite des directeurs de troupes ambulantes, à chaque séjour que celles-ci ont fait dans les villes de leurs départemens.

18. Aux mêmes époques, les préfets exigent des directeurs, et font passer au ministre de l'intérieur, l'état des recettes et dépenses des troupes permanentes ou ambulantes.

19. Les directeurs sur lesquels viennent des notes favorables, ceux qui ont fait un meilleur choix de pièces, qui ont le plus soigné les représentations, qui ont enfin exactement rempli tous leurs engagemens, sont dans le cas d'obtenir des récompenses et des encouragemens.

Les acteurs qui se conduisent bien et qui font preuve de talens distingués, sont pareillement susceptibles d'obtenir des marques de satisfaction de la part du ministère.

20. L'inexécution des conditions faites aux directeu
entraînerait la révocation de leur brevet.

21. Les directeurs des troupes stationnaires, dans les lieux où ils sont établis, et les directeurs des troupes ambulantes, dans les lieux où ils se trouvent exercer, eux ou leurs régisseurs régulièrement reconnus, ont le droit de percevoir un cinquième sur la recette brute des spectacles de curiosité de quelque genre et sous quelque dénomination qu'ils soient, défalcation faite toutefois du droit des pauvres. Au temps du carnaval, les directeurs jouissent, aux lieux indiqués ci-dessus, du droit de donner seuls les bals masqués.

22. Les salles de spectacle appartenant aux communes, peuvent, sur la proposition des maires et des préfets, être abandonnées gratuitement aux directeurs.

23. Quant aux salles appartenant à des particuliers, le loyer en peut être payé par les communes, à la décharge du directeur. Les conseils municipaux prennent à ce sujet des délibérations que les préfets transmettent au ministre de l'intérieur, avec leurs avis, pour le rapport en être fait, s'il y a lieu, et les sommes nécessaires portées aux budgets.

24. En général, il doit être pris, autant que possible, des mesures pour que toutes les communes deviennent propriétaires de salles de spectacle.

25. Dans les villes susceptibles d'avoir un théâtre, et qui n'ont point encore de salle communale ou particulière, il doit être avisé aux moyens d'en faire construire une.

26. Les spectacles n'étant point au nombre des jeux publics auxquels les fonctionnaires assistent en leur

qualité, il ne doit point y avoir pour eux de places, encore moins de loges *gratuites* réservées aux théâtres.

27. Les autorités ne peuvent exiger d'entrées gratuites des entrepreneurs, que pour le nombre d'individus jugé indispensable au maintien de l'ordre et de la sûreté publique.

28. Il est fait défense aux directeurs d'engager, soit pour leurs spectacles, soit pour les concerts qu'ils sont dans le cas de donner, aucun élève des écoles de chant et de déclamation du conservatoire, sans l'autorisation du ministre de l'intérieur.

29. Les préfets, les sous-préfets et les maires sont tenus de ne souffrir, sous aucun prétexte, que les acteurs des théâtres de Paris ou des théâtres de toute autre ville, qui ont obtenu un congé de leur société ou de leur directeur pour voyager dans les départemens, y prolongent leur séjour au-delà du temps fixé par le congé.

En cas de contravention, les directeurs de spectacles peuvent être condamnés à verser à la caisse des pauvres le montant de la recette des représentations qui ont eu lieu après l'expiration du congé.

30. Les préfets et les maires doivent veiller à la stricte exécution des lois, décrets et instructions relatifs aux droits des auteurs dramatiques.

31. L'autorité chargée de la police des spectacles prononce provisoirement sur toutes contestations, soit entre les directeurs et les acteurs, soit entre les directeurs et les auteurs ou leurs agens, qui tendraient à interrompre le cours ordinaire des représentations ; et la décision provisoire peut être exécutée, nonobstant le re-

cours vers l'autorité supérieure à laquelle il appartient de juger le fond de la question.

Ordonnance portant règlement sur la surveillance, l'organisation sociale et l'administration du théâtre royal de l'Odéon.

LE ROI, s'étant fait rendre compte de la situation actuelle du théâtre royal de l'Odéon, et de l'ordre qu'il serait convenable d'y établir, tant dans l'intérêt de l'art dramatique, auquel ce théâtre peut être fort utile, que dans l'intérêt même des comédiens qui y sont attachés et qui s'y attacheraient à l'avenir;

Sa Majesté, sur le rapport du ministre de sa maison, a ordonné et ordonne ce qui suit;

TITRE Ier.

CHAPITRE PREMIER.

De la surveillance.

Art. 1er. Le théâtre royal de l'Odéon est placé sous l'autorité du ministre de notre maison, et sous la surveillance immédiate du représentant que le ministre aura délégué à cet effet.

TITRE II.

CHAPITRE PREMIER.

De l'organisation sociale.

Art. 1er. Les comédiens de notre théâtre royal de l'Odéon seront réunis en société, laquelle sera administrée, selon les règles ci-après, par un directeur sociétaire, qui ne pourra être pris parmi les acteurs, et que nous nous réservons de nommer.

2. L'administration se compose du directeur sociétaire et d'un secrétaire général proposé par le directeur sociétaire et nommé par le ministre de notre maison, sur le rapport de son représentant.

3. Il y a près le théâtre royal de l'Odéon un conseil honoraire composé de deux avocats, d'un avoué et d'un notaire, nommés par le ministre de notre maison.

4. Le produit des recettes, tous les frais prélevés, sera divisé en quinze parts qui seront réparties entre les sociétaires, depuis un huitième de part jusqu'à une part entière. Il est attaché à chaque demi-part une entrée personnelle aliénable.

5. Les parts ou portions de part vacantes seront accordées et distribuées par le ministre de notre maison, sur le rapport du directeur sociétaire.

6. Une de ces parts est allouée au directeur sociétaire, et une demi-part au secrétaire général; et, pour assurer le minimum de cette allocation, sans la faire tomber à la charge de la société, il est accordé, pour cet objet spécial, une somme annuelle de 9000 fr., qui sera ainsi répartie : 6000 fr. au directeur sociétaire, 3000 au secrétaire général.

7. Les part et demi-part attribuées par l'article précédent au directeur sociétaire et au secrétaire général sont susceptibles d'accroissement, dans la même proportion que les autres, après que la part entière aura atteint le taux de 6000 fr.

8. Il est en outre accordé aux comédiens sociétaires du

théâtre royal de l'Odéon une subvention de 25,000 fr., y compris 6000 fr. pour le paiement de la loge qui nous est réservée.

CHAPITRE II.

Des pensions de retraite.

Art. 1er. Tout sociétaire contracte l'engagement de jouer pendant vingt ans; et après vingt ans de services non interrompus, il cessera de faire partie de la société, à moins que, sur sa demande, et de l'avis du directeur sociétaire, le représentant du ministre de notre maison ne juge convenable de prolonger son existence sociale.

2. Les vingt ans dateront du jour des débuts, lorsqu'ils auront été immédiatement suivis de l'admission à l'essai et ensuite dans la société.

3. Le sociétaire qui se retirera après vingt ans aura droit :

A une pension de 3,000 francs s'il a joui de la part entière pendant les dix dernières années de son service;

A une pension de 2,400 francs s'il n'a joui de la part entière que pendant cinq ans;

Et à une pension de 2,000 francs seulement, s'il en a joui moins de cinq ans;

Toutes les pensions de retraite seront réglées, pour les fractions de part, dans la proportion ci-dessus indiquée.

4. Si, conformément aux dispositions de l'art. 1er. de ce chapitre, le service d'un sociétaire se prolonge au-delà de vingt ans, il sera ajouté, quand il se retirera, 100 fr. de plus, par année, à chacune des pensions de part entière, et aux autres, dans la même proportion.

5. Un sociétaire qu'un accident, ayant pour cause

immédiate le service du théâtre, obligerait de se retirer et empêcherait de continuer son état, avant d'avoir accompli ses vingt années, recevra la pension de 2,000 fr. s'il a part entière, ou celle de sa fraction de part dans cette proportion.

6. En cas d'incapacité de service provenant d'une autre cause que celle énoncée dans l'article précédent, le sociétaire pourra, même avant les vingt ans de service, être mis en retraite par ordre du ministre de notre maison.

En ce cas, s'il a plus de dix ans de service, il aura droit à une pension qui sera réglée à raison de 100 francs par année de service, s'il était à part entière, et dans les mêmes proportions pour la fraction de part dont il aura joui pendant la dernière année de son service.

7. Si le sociétaire a moins de dix ans de service, le représentant du ministre de notre maison, d'après l'avis du directeur sociétaire, proposera la pension qu'il croira convenable de lui accorder, selon les services rendus à la société et les circonstances où il se trouvera.

8. Lorsqu'un sociétaire, après dix ans de service, aura réitéré pendant une année la demande de sa retraite, et qu'il s'engagera à ne plus jouer sur aucun théâtre français ni étranger, sa retraite ne pourra lui être refusée; mais elle sera réglée à moitié de ce qu'il aurait eu droit de prétendre après vingt années de service, et comme s'il n'avait joui de la part dont il se trouvera pourvu que depuis moins de cinq années, c'est-à-dire, à raison de 1,000 francs pour la part entière, et ainsi de suite.

9. Les pensionnaires qui auront fait un service de dix années au théâtre royal de l'Odéon pourront obtenir une

pension qui sera fixée par le ministre de notre maison, à raison du mérite de leurs services.

10. Il sera tenu compte à chacun des sociétaires qui ont fait partie de la troupe de Louvois ou de l'Odéon, d'une demi-année pour chaque année de service qu'ils auront faite dans l'un de ces deux théâtres.

11. Les brevets de pension seront délivrés par le ministre de notre maison.

CHAPITRE III.
Du fonds et des moyens de paiement des pensions de retraite.

Art. 1er. Pour assurer le fonds des pensions de retraite des comédiens sociétaires du théâtre royal de l'Odéon, il sera fait une retenue sur toutes les sommes partagées entre les sociétaires.

La retenue sera de 2 1/2 pour 100, lorsque la part entière ne s'élèvera pas à plus de 6,000 fr.

Il sera retenu 3 pour 100 sur l'excédant, jusqu'à 7,000 fr., 4 pour 100 sur l'excédant jusqu'à 8,000 fr., et ainsi de suite.

2. Pour concourir et contribuer à la formation du fonds des pensions de retraite, au produit de la retenue ainsi établie, seront ajoutés :

1°. Les 3,000 fr. réservés sur les fonds subventionnels, aux termes de l'art. 3, chap. I du titre III ci-après, ou la portion qui n'en aura été ni employée ni destinée au service de l'année suivante ;

2°. Le produit des amendes ;

3°. La moitié des indemnités qui pourront être accordées pour des représentations gratis.

4°. Le produit de deux représentations annuelles spécialement consacrées à cet objet ;

5°. Et enfin les intérêts annuels de ce fonds qui ne seraient point employés aux paiemens des pensions sociales.

3. Toutes les sommes et retenues énoncées en l'article précédent seront versées, à fur et à mesure, le premier de chaque mois, entre les mains du notaire du théâtre royal de l'Odéon, pour être employées par lui en achats de rentes, 5 pour 100 consolidés. Cet emploi aura lieu toutes les fois qu'il se trouvera en caisse une somme suffisante pour acquérir 50 fr. de rentes, et au plus tard les premiers mars et premier septembre de chaque année ; les rentes en provenant seront immatriculées au grand livre, ainsi qu'il suit :

CAISSE DE RETENUE
DU THÉATRE ROYAL DE L'ODÉON (LA).

. . . . *Caissier.*

4. Les titulaires toucheront leurs pensions de retraite par trimestre, à la caisse du théâtre de l'Odéon.

TITRE III.

CHAPITRE PREMIER.

Du directeur sociétaire.

ART. 1er. Les fonctions du directeur sociétaire comprennent tout ce qui concerne le personnel des employés et préposés, la police intérieure et le maintien des réglemens.

2. Il propose à la société l'admission des pensionnaires et le traitement qu'il juge devoir leur être accordé. Dans le cas où les sociétaires, après en avoir délibéré en assemblée générale, refuseraient d'admettre les sujets proposés, le directeur sociétaire assigne leur traitement sur les fonds subventionnels, sauf à faire approuver cette mesure par le ministre de notre maison.

3. Il est en outre réservé sur les mêmes fonds une somme de 3000 francs, qui est mise à la disposition du directeur sociétaire, à la charge par lui de justifier de l'emploi au représentant du ministre de notre maison. Cette somme, ou la portion qui n'en aurait pas été employée, sera partagée, à la fin de chaque année, entre les sociétaires, dans le cas seulement où la part entière ne s'élèverait pas à 6000 francs; dans le cas contraire, il en sera disposé comme il est dit à l'art. 2, chapitre III du titre II.

Le surplus des fonds accordés, à titre de subvention, sera versé dans la caisse pour accroître les parts sociales.

4. Le directeur sociétaire présente, le 15 de chaque mois, au représentant du ministre de notre maison le compte détaillé de l'emploi des fonds subventionnels.

CHAPITRE II.

Du secrétaire général.

Le secrétaire général est chargé de toute la correspondance, soit avec les auteurs, soit administrative ou contentieuse. Il tient registre des résolutions prises en assemblée générale et des actes du directeur sociétaire. Il a la garde des archives, de toutes les pièces administratives et de comptabilité, inventaires des magasins d'habillemens et de décorations, d'accessoires et du mobilier appartenant à la société. Il provoque les recolemens d'inventaires, et fait faire, aussi souvent qu'il le juge à propos, la vérification des billets payant et de ceux délivrés gratuitement. Il transmet les ordres et décisions du directeur sociétaire ; assiste au comité de lecture, et y tient la plume. Le secrétaire général exerce enfin une surveillance immédiate sur tous les contrôles et préposés, et sur toutes les parties généralement quelconques du service.

CHAPITRE III.

Du caissier.

Art. 1er. Le caissier du théâtre royal de l'Odéon sera nommé par les sociétaires réunis en assemblée générale. Sa nomination sera agréée par le directeur sociétaire, et soumise à l'approbation du ministre de notre maison. Il fournira, s'il n'est sociétaire, un cautionnement en immeubles, de la valeur de 12,000 francs au moins.

2. Le montant des recettes journalières et le produit de la location des loges seront touchés par le caissier.

Il acquittera toutes les dépenses approuvées par le comité d'administration dont les attributions seront ci-après fixées, et sur ses mandats visés par le directeur sociétaire.

3. A la fin de chaque mois le compte des recettes et dépenses sera dressé, rendu et approuvé en assemblée générale.

4. Seront prélevés sur les recettes journalières et dans l'ordre ci-après :

1°. Les droits d'auteurs ;

2°. Le montant des mémoires ou fournitures de toute espèce réglés par le comité d'administration et approuvés par le directeur sociétaire ;

3°. Les appointemens de toute nature ;

4°. Le partage social qui se fera à jour fixe, sauf la retenue dont il a été parlé au chapitre III du titre II.

5. Les fonds subventionnels ne seront encaissés que sur l'injonction du directeur sociétaire à qui le caissier en délivrera des récépissés ; les paiemens assignés sur ces fonds ne seront effectués par le caissier que sur les mandats particuliers du directeur sociétaire.

CHAPITRE IV.

Du régisseur.

Art. 1er. Il y aura au théâtre royal de l'Odéon un régisseur perpétuel choisi parmi les acteurs sociétaires.

2. Il est chargé du maintien de l'ordre et de la police du théâtre pendant les répétitions et les représentations, et de la rédaction de l'affiche.

3. Il veille aux entrées et sorties des acteurs, et généralement à tous les mouvemens de la scène ; il donne le signal de l'orchestre, et tient la main à ce que tous les acteurs qui jouent dans la pièce soient sur le théâtre avant de donner le signal du rideau.

4. Il a sous ses ordres immédiats le machiniste et les garçons de théâtre ; il s'assure, avant le lever du rideau, si la décoration est conforme au programme de la pièce, et si tous les accessoires sont disposés.

5. Il est chargé de faire remettre tous les soirs, au domicile des acteurs qui doivent répéter ou jouer le lendemain, des billets d'avertissement indiquant l'heure précise des répétitions et l'ordre du spectacle.

6. Il concourt, avec le semainier, à la préparation du répertoire, comme il va être expliqué.

CHAPITRE V.

Du semainier.

Art. 1ᵉʳ. Tous les sociétaires sont semainiers à tour de rôle pendant une semaine.

2. Le semainier sortant et le semainier entrant en fonctions, de concert avec le régisseur, rédigent tous les samedis un projet de répertoire avant l'heure de l'assemblée générale à laquelle il est soumis.

3. Le semainier est chargé,

1°. De l'exécution du répertoire, en ce qui concerne les acteurs et actrices chargés des rôles;

2°. De veiller à la distribution des billets et contremarques;

3°. D'assister aux répétitions, de veiller à ce qu'elles se fassent avec exactitude, et de faire son rapport à l'assemblée générale sur tous les acteurs qui, par négligence ou autre cause, auraient encouru les amendes qui seront réglées ci-après.

Il fait en outre, et dans le jour, son rapport au directeur sociétaire de tous les événemens extraordinaires qui peuvent avoir lieu.

CHAPITRE VI.

Du comité d'administration.

Art. 1er. Les intérêts de la société seront régis et administrés par un comité composé de trois sociétaires au moins, qui seront désignés, au commencement de chaque année, par le directeur sociétaire.

2. Le comité d'administration s'assemble au moins le 15 et le 30 de chaque mois, pour examiner la situation morale et financière de la société, aviser aux moyens de l'améliorer, et préparer le compte mensuel qui doit être présenté à l'assemblée générale, à la fin du mois.

3. Le comité d'administration est présidé par un de ses membres qui est chargé de faire les rapports à l'assemblée générale, de correspondre avec le directeur sociétaire, et de signer et délivrer les mandats de paiement sur la caisse, qui doivent en outre être visés par le directeur sociétaire, conformément à l'art. 2, chap III, du présent titre.

Il est spécialement chargé de vérifier les recettes, d'inspecter la caisse et de faire effectuer tous les paiemens régulièrement ordonnés.

CHAPITRE VII.

De l'assemblée générale.

Art. 1er. L'assemblée générale des sociétaires tient des séances fixes et des séances extraordinaires.

2. Les séances fixes sont tenues le premier de chaque mois, pour entendre les comptes et rapports du caissier et du comité d'administration, et délibérer sur toutes les

affaires générales. Elles sont présidées par le directeur sociétaire.

3. Il est tenu en outre deux séances par semaine; une le samedi, pour arrêter le répertoire; et l'autre à jour fixe, pour entendre la lecture des pièces nouvelles.

4. Les séances extraordinaires seront tenues sur la convocation du directeur sociétaire.

Chapitre VIII.
Du répertoire.

Art. 1er. Le répertoire est arrêté pour une semaine seulement. Il est immédiatement soumis au directeur sociétaire. S'il reçoit son approbation pure et simple, il en est adressé copie, dans le jour, à tous les sociétaires et pensionnaires, pour qu'ils aient à s'y conformer et à s'y préparer.

2. Lorsque le projet de répertoire présenté par les semainiers et le régisseur, aux termes de l'article 2, chapitre V du présent titre, est modifié dans l'assemblée générale, il est rendu compte au directeur sociétaire des motifs qui ont été allégués : s'il ne les juge pas valables, ou même si le répertoire proposé par les semainiers et le régisseur lui paraît susceptible de quelques changemens, un nouveau projet, rectifié par le directeur sociétaire, est envoyé, dans le jour, à tous les sociétaires qui se réunissent le lendemain en sa présence pour aviser aux moyens d'en procurer l'exécution.

3. Quand le répertoire aura été réglé, chacun sera tenu de jouer le rôle pour lequel il aura été inscrit, à moins de cause légitime approuvée par le directeur so-

ciétaire, sous peine d'amende plus ou moins forte, selon la gravité du cas, mais qui ne pourra excéder 100 francs.

4. Si un acteur, ayant fait changer la représentation pour cause de maladie, est aperçu hors de chez lui, il sera soumis à pareille amende.

5. Dans le cas où il y aurait mauvaise avouée de la part de l'acteur, c'est-à-dire s'il refusait de jouer sans alléguer d'excuse, il sera passible d'une amende de 300 francs.

6. Toutes les fois qu'un acteur sera dans l'impossibilité réelle de jouer la pièce annoncée au répertoire, le directeur sociétaire pourra, s'il le juge à propos, distribuer le rôle à un autre acteur, lequel aura droit ensuite de le jouer deux fois.

7. La société du théâtre royal de l'Odéon n'admet point la distinction d'emplois ni celle de chefs et de doubles ; en conséquence tout sociétaire ou pensionnaire à qui il aura été distribué un rôle par l'auteur, devra se soumettre à le jouer, si les excuses qu'il pourrait alléguer ne sont admises ni par l'assemblée générale ni par le directeur sociétaire.

8. Il devra se soumettre également à jouer tous les rôles d'ancien répertoire qui lui seraient distribués par le directeur sociétaire, à moins qu'il n'ait joué sur ce théâtre un autre rôle dans la même pièce et qu'il ne le réclame. Il peut, dans ce cas, en appeler de la décision du directeur sociétaire à l'assemblée générale.

CHAPITRE IX.

Des amendes.

Art. 1ᵉʳ. Il sera arrêté en assemblée générale un tarif d'amendes graduelles applicables aux acteurs et actrices qui manqueraient, en tout ou en partie, les répétitions annoncées, sans excuses valables; lesquelles amendes seront rigoureusement retenues à ceux qui les auront encourues, sous la responsabilité du semainier de service.

2. Toutes les amendes seront retenues par le caissier, sur le vu de la délibérattion de l'assemblée générale, qu'il gardera comme pièce de comptabilité et qu'il encaissera.

CHAPITRE X.

Des débuts et acteurs à l'essai.

Art. 1ᵉʳ. Les ordres de début sur le théâtre royal de l'Odéon seront donnés par le ministre de notre maison, sur le rapport de son représentant et sur la proposition du directeur sociétaire. Ils seront communiqués à l'assemblée générale, qui mettra au premier répertoire les trois pièces que le débutant demandera, et celles qui seront désignées par le directeur sociétaire.

2 Il sera fait, pour le débutant, autant de répétitions particulières et générales que le directeur sociétaire jugera à propos d'en faire annoncer. Nul n'y pourra manquer, sous peine des amendes graduelles dont il a été parlé ci-dessus.

3. Après les représentations de début, le directeur sociétaire proposera à l'assemblée générale l'admission du sujet à l'essai ou son exclusion. Si l'exclusion était pro-

noncée contrairement à l'avis du directeur sociétaire, il pourra user de la faculté qui lui est réservée par l'art. 2 du chapitre 1er. du présent titre.

4. Après un an d'essai, les débutans pourront être admis à une seconde année d'épreuve, ou reçus comme pensionnaires, dans les formes et de la manière réglées en l'article relaté ci-dessus.

5. Si, après la première année d'essai, le directeur sociétaire juge devoir proposer la réception à quart de part, ou à demi-part qui est le maximum, il en fait son rapport et l'adresse, avec l'avis de la société exprimé en assemblée générale, au représentant du ministre de notre maison, qui soumet au ministre l'admission ou le rejet du sujet proposé. Dans le cas d'admission, s'il n'y avait pas de fraction de part vacante, il serait fait, au sujet admis, la promesse de la première vacance; et jusque là il jouirait d'un traitement égal à la fraction promise.

CHAPITRE XI et dernier.

Pièces nouvelles et auteurs.

ART. 1er. La lecture des pièces nouvelles se fait en assemblée générale des sociétaires, à laquelle sont admis ceux des pensionnaires que le directeur sociétaire juge à propos d'y appeler.

2. Tout auteur qui présentera une pièce nouvelle devra être admis, sans examen préalable, à en faire lecture, pourvu qu'il ait déjà fait représenter un ouvrage au moins sur l'un de nos théâtres royaux.

3. Lorsqu'un auteur présentera son premier ouvrage, la pièce sera soumise à un examinateur, lequel pronon-

cera si l'assemblée générale doit en entendre la lecture.

4. La réception a lieu à la pluralité des voix et au scrutin. Si le quart des voix est pour le renvoi à correction, on refait un tour de scrutin sur la question de ce renvoi, qui est décidée à la majorité des voix.

5. Toute pièce reçue sera de suite enregistrée par le secrétaire général, pour être mise en répétition et jouée à son tour. Toutefois, en dérogeant aux termes des conventions entre les auteurs et les comédiens, il y aura un tour de faveur et un tour de droit alternatifs; de plus, les pièces reçues ne prendront rang que parmi celles du même ordre. Il pourra être mis de suite deux pièces en un acte, une par tour de droit, et l'autre par tour de faveur.

Il n'est rien innové d'ailleurs aux conventions entre les auteurs et les comédiens.

6. Le choix des pièces à admettre au tour de faveur est, sur la proposition du directeur sociétaire, délibéré en assemblée générale et arrêté à la majorité des voix.

7. Le jour de la mise en répétition d'une pièce, l'auteur, dont le tour arrivera immédiatement après, en sera averti par une lettre du régisseur. Il devra, sous peine de la perte de son tour, adresser, dans les trois jours, au directeur sociétaire, le programme de sa pièce, et la distribution des rôles cachetés.

Disposition générale.

Dans tous les cas non prévus par la présente ordonnance, les usages suivis dans les sociétés du Théâtre Français et de l'Opéra-Comique serviront de règles, à moins qu'ils ne soient reconnus incompatibles avec l'organisation particulière du théâtre royal de l'Odéon.

Toutes les difficultés auxquelles les articles de la présente ordonnance pourraient donner lieu, seront portées devant le représentant du ministre de notre maison, qui en référera au ministre, dont les décisions seront sans appel.

Donné au château des Tuileries, le deuxième jour du mois de novembre de l'an de grâce 1815, et de notre règne le 21.

 Signé LOUIS.

Pour copie conforme :

Le directeur général du ministère de la maison du Roi, ayant le portefeuille,

Signé le comte DE PRADEL,

Pour ampliation :

L'intendant général de l'argenterie, menus plaisirs et affaires de la chambre du Roi,

Signé DE LA FERTÉ.

FIN.

TABLE

DES MATIÉRES.

INTRODUCTION. . . . . Pag. 1
Réunion de tous les théâtres sous une seule administration. 5
Théâtres de Paris. 8
Congés. 26
Ordres de début. 31
Droit d'auteur. 35
Curiosités, fêtes champêtres, etc. (1). . 43
Environs de Paris. 48
Théâtres des départemens. 51
Salles de spectacles. 54
Itinéraires 1817. 72
Personnel des théâtres. 82
Bénéfices. 166
Correspondans des théâtres. 170
Lois et règlemens. 177

(1) Tout récemment viennent de s'établir les *montagnes de Belleville*. Il faut les ajouter à notre liste. C'est à présent le temps des montagnes, elles poussent comme des champignons. La faculté en recommande l'exercice. Nos médecins suivent la mode, et il n'est pas rare de les voir, pour prêcher d'exemple, *dégringoler* avec leurs jolies malades.

www.ingramcontent.com/pod-product-compliance
Lightning Source LLC
Chambersburg PA
CBHW050652170426
43200CB00008B/1264